基于聚乙烯醇纤维增强水泥基复合材料(PVA-ECC)的港工结构加固技术研究与应用

刘红彪　宋廷苏　卫　宪　邹青平　刘彦涛　著

人民交通出版社股份有限公司

北京

内 容 提 要

本书针对港口工程混凝土结构因氯离子侵蚀导致的钢筋锈蚀、混凝土开裂问题，以沿海港口码头钢筋混凝土结构破损修复为研究对象，采用材料试验、构件试验、理论分析与工程应用相结合的手段，开展了基于聚乙烯醇纤维增强水泥基复合材料(Polyvinyl Alcohol Engineered Cementitious Composites，PVA-ECC)的港口工程混凝土结构加固技术研究，针对PVA-ECC的宏观力学特性的时变规律、改性方法、收缩性规律、开裂特性、黏结特性、抗氯离子渗透能力、构件承载力及基于夹杂理论和平均场均匀化方法的细观数值预测方法等方面开展了系统研究，从材料、构件、数值模拟、理论分析、工程应用等不同层次，全面获得了PVA-ECC的改性配比、宏观力学特性时变规律、收缩性规律、开裂特性、黏结特性、抗氯离子渗透能力、构件耐久性、承载力及基于夹杂理论和平均场均匀化方法的细观数值预测方法，建立了基于PVA-ECC的港口工程混凝土结构加固技术，提升了沿海港口码头钢筋混凝土结构的加固修复效果。

本书适合水运工程领域相关技术人员及高校师生参考使用。

图书在版编目(CIP)数据

基于聚乙烯醇纤维增强水泥基复合材料(PVA-ECC)的港工结构加固技术研究与应用/刘红彪等著.—北京：人民交通出版社股份有限公司,2023.7
 ISBN 978-7-114-18884-8

Ⅰ.①基… Ⅱ.①刘… Ⅲ.①聚乙烯醇纤维—纤维增强水泥—复合材料—应用—港口工程—混凝土结构—加固 Ⅳ.①U655.56

中国国家版本馆 CIP 数据核字(2023)第 127880 号

Jiyu Juyixichun Xianwei Zengqiang Shuiniji Fuhe Cailiao(PVA-ECC) de Ganggong Jiegou Jiagu Jishu Yanjiu yu Yingyong

书　　名：	**基于聚乙烯醇纤维增强水泥基复合材料(PVA-ECC)的港工结构加固技术研究与应用**
著 作 者：	刘红彪　宋廷苏　卫宪　邹青平　刘彦涛
责任编辑：	朱明周
责任校对：	赵媛媛　魏佳宁
责任印制：	张凯
出版发行：	人民交通出版社股份有限公司
地　　址：	(100011)北京市朝阳区安定门外外馆斜街3号
网　　址：	http://www.ccpcl.com.cn
销售电话：	(010)59757973
总 经 销：	人民交通出版社股份有限公司发行部
经　　销：	各地新华书店
印　　刷：	北京建宏印刷有限公司
开　　本：	787×1092　1/16
印　　张：	8.625
字　　数：	172千
版　　次：	2023年7月　第1版
印　　次：	2023年7月　第1次印刷
书　　号：	ISBN 978-7-114-18884-8
定　　价：	70.00元

(有印刷、装订质量问题的图书，由本公司负责调换)

前　言

提升钢筋混凝土结构的耐久性对延长沿海港口码头工程的使用寿命至关重要。但目前港口工程混凝土结构因氯离子侵蚀导致的钢筋锈蚀、混凝土开裂现象普遍存在，已成为沿海港口工程混凝土结构的顽疾。同时，港口工程混凝土结构还存在延性差、抗撞击能力弱的问题。对于运营中出现的构件损伤，急需一种耐久性强、修复效果佳、施工便捷的加固修复材料和方法。

本书针对以上问题，以沿海港口码头钢筋混凝土结构破损修复为研究对象，采用材料试验、模型试验、理论分析与工程应用相结合的手段，开展基于聚乙烯醇纤维增强水泥基复合材料（Polyvinyl Alcohol Engineered Cementitious Composites，PVA-ECC）的港口工程混凝土结构加固技术研究，针对PVA-ECC的宏观力学特性的时变规律、改性方法、收缩性规律、开裂特性、黏结特性、抗氯离子渗透能力、构件承载力、耐久性及基于夹杂理论和平均场均匀化方法的细观数值预测方法等方面开展了系统研究，以此建立基于PVA-ECC的港口工程混凝土结构加固技术，提升了沿海港口码头钢筋混凝土结构的加固修复效果，为基于PVA-ECC的港口工程混凝土结构加固修复奠定了理论基础。目前，该技术已应用于天津港南疆26号码头墩台修复工程中，效果良好。

本书成果是交通运输部天津水运工程科学研究所水工建筑中心在长期工程实践、大量科学研究中取得的，得到了天津市自然科学基金"基于ECC材料的港工结构物加固技术研究"（16JCYBJC21900）、天津市交通运输科技发展计划项目"PVA-ECC材料的改性方法及其在港工结构中的加固技术研究"（2020-09）、国家重点研发计划项目（2022YFE0104500）、中央级公益性科研院所基本科研业务费（TKS20230104）及浙江省尖兵计划项目（2022C01004）的支持。作者诚挚感谢所有为本书做出贡献的研究人员；感谢交通运输部天津水运工程科学研究所高级工程师郭畅、隋洪福对本书有关研究工作和资料的整理。

基于聚乙烯醇纤维增强水泥基复合材料(PVA-ECC)的港口工程结构加固技术在实践中不断创新,人们的认知也愈发完善,某些观点与方法会随着工程实践及研究工作的不断深入而得到改进。鉴于作者的水平及经验所限,书中难免存在缺点和不足之处,敬请读者批评指正。

作　者

2023 年 7 月

目 录

第1章 绪论 ·· 1
　1.1 研究背景 ·· 1
　1.2 研究必要性 ··· 2
　1.3 国内外研究现状分析 ··· 3
　1.4 研究目标 ·· 6
　1.5 研究成果 ·· 7

第2章 高性能 PVA-ECC 改性配合比设计 ·· 8
　2.1 引言 ·· 8
　2.2 试验原材料 ··· 8
　2.3 材料配合比 ··· 11
　2.4 材料及试块制备 ·· 12
　2.5 小结 ·· 13

第3章 PVA-ECC 宏观力学特性的时变规律研究 ·· 14
　3.1 引言 ·· 14
　3.2 试验方案设计 ··· 14
　3.3 PVA-ECC 宏观力学性能试验 ··· 18
　3.4 小结 ·· 47

第4章 PVA-ECC 的收缩性时变规律研究 ··· 49
　4.1 引言 ·· 49
　4.2 试件制备 ·· 49
　4.3 材料收缩性能的试验研究 ·· 50
　4.4 小结 ·· 58

第5章 基于夹杂理论的 PVA-ECC 宏观力学特性细观数值方法研究 ················ 59
　5.1 引言 ·· 59
　5.2 基本理论和方法 ·· 59
　5.3 DIGIMAT 软件简介 ·· 64
　5.4 基于夹杂理论的混凝土强度模拟计算 ··· 64

5.5　基于夹杂理论及均匀化方法的 PVA-ECC 强度模拟计算 …………………… 69
　　5.6　小结 ……………………………………………………………………………… 72
第 6 章　PVA-ECC 的多裂缝开裂性能试验研究 …………………………………………… 74
　　6.1　引言 ……………………………………………………………………………… 74
　　6.2　试件制备 ………………………………………………………………………… 74
　　6.3　试验结果分析与讨论 …………………………………………………………… 78
　　6.4　小结 ……………………………………………………………………………… 90
第 7 章　PVA-ECC 与混凝土的界面抗剪性能试验研究 …………………………………… 91
　　7.1　引言 ……………………………………………………………………………… 91
　　7.2　试验概况 ………………………………………………………………………… 91
　　7.3　试验结果与分析 ………………………………………………………………… 95
　　7.4　小结 ……………………………………………………………………………… 100
第 8 章　以 PVA-ECC 为保护层的钢筋混凝土梁耐久性及力学性能试验研究 ………… 101
　　8.1　引言 ……………………………………………………………………………… 101
　　8.2　试件设计 ………………………………………………………………………… 101
　　8.3　试件耐久性试验 ………………………………………………………………… 104
　　8.4　试件抗弯试验及对比 …………………………………………………………… 109
　　8.5　小结 ……………………………………………………………………………… 117
第 9 章　基于 PVA-ECC 的港口码头结构加固修复应用 ………………………………… 119
　　9.1　引言 ……………………………………………………………………………… 119
　　9.2　在役高桩码头结构墩台耐久性破损加固修复 ………………………………… 119
　　9.3　小结 ……………………………………………………………………………… 123
第 10 章　结论与展望 ………………………………………………………………………… 124
　　10.1　结论 ……………………………………………………………………………… 124
　　10.2　展望 ……………………………………………………………………………… 126
参考文献 ……………………………………………………………………………………… 127

第1章 绪 论

1.1 研究背景

我国是港口大国,沿海港口投资建设规模不断扩大,港口货物吞吐量连续多年位居世界第一。截至 2020 年末,全国港口拥有生产用码头泊位 22142 个,其中,沿海港口生产用码头泊位 5461 个,内河港口生产用码头泊位 16681 个。天津港、大连港等沿海主要港口都建成了可以停靠 30 万吨级船舶的大型码头,全国首个 40 万吨级超大型矿石码头也于 2010 年在青岛港董家口港区建成,我国现役港口码头的数量和规模都已经位居世界前列。

港口水工建筑物在我国经贸发展、海岛和海洋国土资源开发维护及国防建设中发挥着十分重要的作用。码头是港口水工建筑物中最重要的基础设施之一。码头等港口水工建筑物是供船舶停靠、货物装卸和旅客上下的水工建筑物,担负着大宗货物装卸的生产任务,其健康状况直接关系到船舶靠离泊和货物装卸作业的安全,关系到港口能否正常运营生产。

在港口建设迅猛发展的同时,码头等港口设施出现的安全隐患问题也引起了港口企业与国家的密切关注。一方面,码头建设投资大、工期紧、任务重,遗留很多问题待使用中解决,对日后码头运营维护造成很大的压力。另一方面,由于很多码头等港口设施年久失修,船舶又经常超出设计靠泊能力停靠作业,码头过载、疲劳、腐蚀、老化等问题不断出现。有些码头在远未达到设计使用寿命时,就出现耐久性严重退化的现象,加之极端天气的不断出现,发生安全问题的概率越来越大。码头结构健康状况直接关系到生命财产安全,关系到船舶靠离泊和货物装卸作业的安全,关系到港口能否正常运营,因此,码头结构安全隐患问题亟须解决。

氯离子侵蚀和混凝土碳化均会对暴露在腐蚀环境中的混凝土结构造成严重破坏,例如,氯离子会引起沿海地区及潮汐区混凝土结构的钢筋锈蚀。大量的港口水工建筑物(如码头、跨海桥梁、堤坝等结构)受到海水氯离子的侵蚀而发生破坏,以致必须修复或重建。目前,维修费是港口水工结构维护开支的主要部分。

对于服役于海洋环境中的码头、跨海桥梁等钢筋混凝土结构,由氯化物引起钢筋锈蚀导致的混凝土开裂比混凝土碳化作用所引起的混凝土开裂更为严重。氯离子侵蚀使钢筋锈蚀加快,是影响海洋环境中混凝土结构耐久性的主要因素,并已引起工程界和学术界的广泛关注。由氯离子侵蚀引起的海洋环境中钢筋混凝土结构的典型破坏如图1.1-1所示。

图1.1-1　由氯离子侵蚀引起的港口水工结构的典型耐久性破损

提升钢筋混凝土结构的耐久性对延长港口水工结构的使用寿命至关重要。但目前港口水工混凝土结构因氯离子侵蚀导致的钢筋锈蚀、混凝土开裂现象普遍存在,已成为沿海港口水工混凝土结构的顽疾。此外,港口水工混凝土结构还存在延性差、抗撞击能力弱的问题,对于运营中出现的构件损伤,急需一种耐久性好、修复效果好、施工便捷的加固修复材料和方法。

当前,加固方法阻裂效果不明显,没有从根本上解决港口水工结构加固修复对耐久性的需求,给码头等港口设施安全运行带来了前所未有的压力。因此,非常有必要对港口水工建筑物加固修复方法进行梳理,在传统加固修复技术基础之上,将新材料引入到码头加固修复领域,在行业内推广应用,提升码头的加固修复效果,延长码头的使用寿命,保障港口码头的安全运营,促进航运经济可持续发展。

1.2　研究必要性

PVA-ECC(Polyvinyl Alcohol Engineered Cementitious Composites,聚乙烯醇纤维增强水泥基复合材料)具有强度高、韧性好等特点。为了保障港口生产安全,开展基于PVA-ECC的港口水工结构加固技术研究是非常有必要的,该研究对促进港口水工建筑物加固修复理论的完善具有重要意义。

我国沿海众多码头结构长期处于海水氯盐侵蚀、冻融循环及船舶撞击等恶劣环境中,

作为港口水工结构建设的基本材料,钢筋混凝土的不足之处集中体现于:

①正常工作荷载下的耐久性问题。在海水氯盐及冻融循环环境中,钢筋混凝土结构的耐久性不足主要是由于混凝土开裂引发的钢筋锈蚀,钢筋锈蚀加剧混凝土开裂,最终导致混凝土顺筋开裂,以致保护层脱落并造成结构抗力迅速退化。

②偶然及极端荷载下的脆性破坏。如船舶撞击、地震、软土地基的侧向蠕变等,不但会引起港口水工结构的倒塌等脆性破坏,而且外界荷载引起的混凝土开裂会加剧钢筋锈蚀风险,进而严重威胁港口水工结构长期服役安全。

③港口水工结构施工及运输过程中造成的损伤。码头面板、混凝土梁等构件多为预制结构,现场安装。在构件运输及安装过程中,不可避免地造成混凝土的局部破坏,进而对结构耐久性及承载力产生威胁。

调查表明,我国港口水工结构一般建成 8~12 年就出现钢筋锈蚀、混凝土开裂破坏,不得不进行大修甚至拆除重建。如浙江省某 10 万吨级矿石码头建成后不到 10 年就需修补;我国南部沿海几十座服役 3~25 年的码头,因钢筋锈蚀造成耐久性问题的占 80% 以上,有的仅使用 3~7 年即出现顺筋开裂。混凝土劣化导致的耐久性问题已成为威胁港口水工结构服役安全的顽疾,且港口水工结构在施工及服役过程中因运输、安装及船舶撞击对混凝土造成的初始损伤又将极大地加快结构的腐蚀损伤进程,外界环境及荷载耦合作用下的港口水工结构的耐久性问题需要新型土木工程材料和技术予以解决。

高延性水泥基复合材料(Engineered Cementitious Composite, ECC)是经系统的微观力学设计,在拉伸和剪切荷载下呈现高延展性的一种聚乙烯醇纤维(Polyvinyl Alcohol, PVA)增强水泥基复合材料,在约 2% 的纤维掺量下便可获得 3% 以上的拉应变能力,并可以有效地将极限裂缝宽度限制在 100μm 或更小的范围之内,在某种意义上可称为"无缝混凝土"。PVA-ECC 具有多微裂缝稳态开裂、高韧性、高抗拉强度、高耗能性等特点,可有效解决混凝土结构面临的易开裂、耐久性及抗撞击、抗震能力差等问题。根据前期的试验结果可知,PVA-ECC 具有多缝开裂特性及自生愈合能力,在提高混凝土耐久性及承载力方面具有明显优势。但试验结果也表明,PVA-ECC 与普通混凝土的固化收缩率存在差异,导致两种材料的交界面易出现顺筋开裂,致使加固效果变差。

1.3 国内外研究现状分析

ECC 最早由美国密歇根大学的 Li 和麻省理工学院的 Leung 采用细观力学和断裂力学基本原理提出[1]。欧洲学者通常称之为 SHCC(Strain Hardening Cement-based Composite),我国徐世烺则将其称为超高韧性水泥基复合材料(Ultra High Toughness Cementitious Composites,UHTCC)。PVA-ECC最显著的特征在于:使用短纤维增强,且纤维掺量不超过复合材料总体积的2.5%,硬化后的复合材料具有显著的拉应变特征,在拉伸荷载作用下可产生多条细密裂缝,极限拉应变可稳定地达到3%以上,是普通混凝土的150~300倍。典型PVA-ECC的配合比见表1.3-1,由轴心抗拉试验获得的PVA-ECC的受拉应力-应变曲线及与普通混凝土材料的对比如图1.3-1所示。

表1.3-1 典型PVA-ECC配合比(质量比)

组分	水泥	精细砂	粉煤灰	水	减水剂	增稠剂	消泡剂	纤维
PVA-ECC	1	1.0	0.11	0.42	0.012	0.049%	0.048%	2%体积率

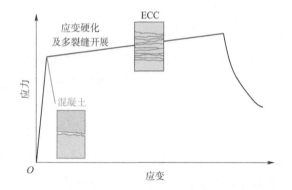

图1.3-1 ECC与普通混凝土的受拉应力-应变曲线对比

掺加PVA纤维后,ECC的延性明显提高,PVA-ECC板与普通混凝土板的抗弯试验破坏情况对比如图1.3-2所示,由此可发现PVA-ECC板为明显的可弯曲结构,跨中变形十分明显,显示了ECC良好的韧性和延性;而普通混凝土板则呈明显的脆性破坏模式。

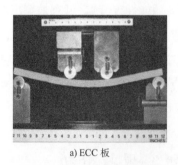

a) ECC板   b) 普通混凝土板

图1.3-2 ECC板与普通混凝土板的抗弯试验

由于PVA-ECC优越的抗拉性能以及相对于普通钢筋混凝土在耐久性、抗冲击韧性及抗震能力等方面所表现出的特殊优势,PVA-ECC的开发和研究受到了极大的关注[2-14]。美国、日本、欧洲及我国学者对ECC基本力学性能和设计方法进行了系统的研究,包括ECC的材料设计原理及其组成成分的选择,ECC 的受压、受拉、弯曲、抗剪性能以及与钢筋的变形协调性等[15-23]。且已从实验室研究发展到实际工程应用的阶段,在大坝、输水渡槽等耐久性环境较为恶劣的工程中得到了尝试性的应用[24]。可以认为,目前对 ECC 的配制方法及基本力学性能已开展了较为充分的研究,具备了开展结构层次方面的研究并向实际工程应用拓展的条件。

大量研究成果已经证实,ECC 在受力过程中通过纤维的桥联作用会产生很多相互平行的细密裂缝,并有效控制裂缝宽度在 $50\mu m$ 左右,具有很好的控裂、限裂作用,显著增强了结构的抗渗性和抗氯离子侵蚀的能力[6]。Sahmaran 等[13]完成的一系列室内加速腐蚀试验表明,ECC 抵抗氯离子侵蚀的寿命可达到普通水泥砂浆的 15 倍以上。使用 ECC 代替港口水工混凝土的保护层部分,或用于已有钢筋混凝土板、梁等构件的加固设计,则可能充分发挥钢筋混凝土结构与 ECC 的优势,大大提高港口水工结构物的耐久性、抗船舶撞击及抗震能力,从而为港口水工混凝土结构设计理论及加固技术带来根本性的变革。目前,将 ECC 作为普通混凝土保护层所进行的钢筋混凝土梁抗弯、抗剪及疲劳试验已初步证实,ECC 可以和既有钢筋混凝土结构协同工作,提高既有钢筋混凝土结构的承载力、延性和抗疲劳寿命,并在一定程度上起到改善 ECC 内部混凝土开裂行为的作用[23-28]。并且,对 ECC 与既有混凝土的黏结性能试验[4]、与锈蚀钢筋的拉拔试验[3]结果也初步证实,经合理设计和施工的 ECC 可与既有混凝土、锈蚀纵筋保持较好的黏结能力。上述研究分别从构件和材料角度证实了 ECC 应用于港口水工结构加固的可行性。

但同时应当注意到,与对 ECC 在材料层次进行的研究相比,将 ECC 应用于实际工程结构的研究仅处于探索阶段。由于码头面板、混凝土梁等构件处于特殊的海水氯盐侵蚀、冻融循环及船舶撞击等恶劣环境,且港口水工结构本身在结构形式和施工方法上具有一定的特殊性,采用 ECC 提高港口水工混凝土结构的耐久性仅处于初步的设想阶段。同时,ECC 与现役混凝土构件的可靠黏结、协同工作机理,以及码头面板、港口水工混凝土梁采用 ECC 加固所必需的设计方法和构造细节,目前国内外既无相关研究基础,更无可参考的有效资料。ECC 在抑制裂缝开展、提高结构耐久性及韧性等方面的特殊优势,与目前对 ECC 在港口水工结构中应用所必须的基础研究几乎为空白这一现状形成鲜明对比。开展对 ECC 应用于码头混凝土结构构件的加固修复技术研究势在必行。为此,刘红彪[2]针对 PVA-ECC 在港口水工结构中的加固修复方法开展了相关的研究,取得了一定的研究成果。研究表明:PVA-ECC 具有多缝开裂特性,与普通混凝土相比,该材料将混凝土构件破坏时的大而宽的裂缝转化为细而小的裂缝,裂缝宽度在 $50\mu m$ 以下,对结构的耐久性和渗透性影响不大;在 PVA-ECC 与普通混凝土的黏结性方面,对不同粗糙度的黏结面抗剪强度进行了试验,基于试验结果拟合了不同粗糙度下黏结面的抗剪强度公式,为基于 PVA-ECC 的混凝土结构加固修复设计提供技术支撑。刘红彪[29]基于上述试验结果,开展了基于 PVA-ECC 保护层的钢筋混凝土梁三点弯曲试验,验证了该材料在提高混凝土结构耐久性与承载力方面具有很好的效果;但在试验中发现,PVA-ECC 的固化收缩率与普通混凝土存在差别,导致在养护过程中,两种材料的交界面处出现顺筋裂缝,致使加固修复效果变差。因此,需要对 PVA-ECC 的收缩性进行优化。

自 PVA-ECC 被提出,国内外学者对其力学性能和耐久性进行了大量研究。李艳[30]采用正交试验法,研究利用工业废料制备应用于抗震结构的高强度 PVA-ECC。研究结果表明:粉煤灰可改善 PVA-ECC 的应变-硬化特性,硅灰则增强了 PVA-ECC 的脆性。另外一些学者通过掺加添加剂或使用 PVA-ECC 中的材料的替代品来研究 PVA-ECC 的力学性能,如增稠剂[31]、硫酸钙[32]、沙漠砂[33]、橡胶粉[34]等,适量的增稠剂能改善纤维在水泥砂浆中的分布,从而防止纤维结团现象的发生。Li[35-37]、徐世烺[38]、Li[19]等学者研究了 PVA-ECC 的拉伸性能。其他学者通过各种试验对 PVA-ECC 的细观模型的压缩性能[39-40],弯曲性能[20-21,41]、抗剪性能[42-43]、抗冲击性能[44]、断裂性能[45]、导热性能[46]进行了研究。

港口水工结构处于海水环境中,一旦混凝土开裂,内部钢筋极易被腐蚀,所以对混凝土的裂缝修补是保证港口水工结构的耐久性的必要条件。PVA-ECC 用于加固、修补结构时,其收缩性能与普通混凝土存在一定差异,PVA-ECC 的收缩受到约束时会出现多重微细裂缝的细观开裂模式,如果不能控制好二者之间收缩的差异,则会影响其开裂模式。在现有的对 PVA-ECC 的收缩性[47-51]研究的基础之上,本研究拟对 PVA-ECC 的收缩性改性方法进行研究,为基于该材料的港口水工结构加固修复应用奠定理论基础。

1.4 研究目标

本研究旨在以沿海港口码头钢筋混凝土结构破损修复为研究对象,采用材料试验、模型试验、理论分析与工程应用相结合的手段,开展基于 PVA-ECC 的港口水工混凝土结构加固技术研究,针对 PVA-ECC 的宏观力学特性时变规律、改性方法、收缩性规律、开裂特性、黏结特性、抗氯离子渗透能力、构件承载力、耐久性、基于夹杂理论和平均场均匀化方法的细观数值预测方法等方面开展系统研究,建立基于 PVA-ECC 的港口水工混凝土结构加固修复技术方法,提高沿海港口码头钢筋混凝土结构的加固修复效果,为基于 PVA-ECC 的港口水工混凝土结构加固修复奠定理论基础;同时,将研究成果在行业内进行推广,从而促进"平安交通"建设,提升港口水工建筑物的加固修复水平,保障港口水工结构运营安全,并为水运工程结构加固修复相关技术规范的制(修)定提供依据,促进水运工程结构加固技术的发展。

1.5 研究成果

本研究获得了 PVA-ECC 宏观力学特性的时变规律及改性方法,得到了 PVA-ECC 收缩性能的时变规律;提出了基于夹杂理论和平均场均匀化方法的细观数值预测方法;明确了 PVA-ECC 对于提高混凝土结构抗氯离子侵蚀性的有效性;阐明了 PVA-ECC 作为预应力混凝土结构保护层的可行性及对结构耐久性的影响,得到了以 PVA-ECC 作为预应力混凝土结构保护层对结构承载力及破坏形态的影响规律;明确了基于 PVA-ECC 加固港口水工混凝土结构的可行性及加固方法,提出了不同粗糙度黏结面的处理方法及效果分析方法,为基于 PVA-ECC 的港工水工混凝土结构加固奠定了理论基础。研究成果对促进港口水工结构加固修复技术水平的提升具有重要推动作用。

第 2 章　高性能 PVA-ECC 改性配合比设计

2.1　引　言

ECC 是具有超强延性的、纤维增强的水泥基复合材料，由于其具有多细微裂缝开裂特性、高抗压和高抗拉强度、自我修复能力特别是高耐久性等特殊优点，受到了工程技术人员和科研工作者的关注。ECC 的核心是纤维增强。向混凝土中掺入纤维，可在一定程度上提高水泥基材料的韧性，控制裂缝的发展，弥补混凝土抗拉强度低、韧性差等缺点。针对混凝土高脆性、低抗拉性的缺点，ECC 将传统的混凝土材料在拉伸荷载下单一裂纹的宏观开裂模式转变为多重细微裂缝开裂的微观开裂模式，这为混凝土结构耐久性问题提出了新的解决途径。目前，高延性水泥基复合材料中使用较多的纤维有聚丙烯纤维（Polypropylene Fiber, PP）、聚乙烯纤维（Polyethylene Fiber, PE）、聚乙烯醇纤维（Poly Vinyl Alcohol Fiber, PVA）和钢纤维，但因纤维成本的问题，目前使用最多的是 PVA。为了开展 PVA-ECC 在海洋环境中加固修复钢筋混凝土技术的研究，需要制备出合格的 PVA-ECC，并了解其相关力学特性。但 PVA-ECC 的制备对配合料的要求较为严格，而每个地区常用的混凝土配合料的特性也不一致，因此，为了配制出合适的 PVA-ECC 并了解其材料力学特性，开展 PVA-ECC 的配合比分析设计是很有必要的，这是开展后续研究的基础。

2.2　试验原材料

制备 PVA-ECC 的原材料主要包括水泥、石英砂、一级粉煤灰、PVA、水以及高效减水剂。由于本项目后续研究内容包含 PVA-ECC 材料与普通砂浆材料的开裂特性对比研究，因此，在本节中介绍分析的试验原材料包含了制备 PVA-ECC 的原材料和制备普通砂浆的原材料。

1) P.O 42.5 普通硅酸盐水泥

水泥的强度等级及化学成分对试块的各种性能起着重要作用。本次试验所用水泥的化学成分如表 2.2-1 所示。

第2章 高性能 PVA-ECC 改性配合比设计

表 2.2-1　P.O 42.5 普通硅酸盐水泥基本化学成分（单位：%）

CaO	SiO$_2$	Al$_2$O$_3$	MgO	SO$_3$	Fe$_2$O$_3$	K$_2$O	TiO$_2$	MnO	Na$_2$O	P$_2$O$_5$
57.27	20.60	7.17	4.70	4.43	3.85	0.77	0.40	0.35	0.17	0.13

P.O 42.5 普通硅酸盐水泥的平均粒径约为 27μm，粒径小于 3μm 的颗粒占 6.7%，粒径在 3~30μm 的颗粒约占 70%，满足 S. Tsivilis 等人提出的最佳水泥性能要求。

2）标准砂（用于配制普通砂浆）

本试验采用的是中国 ISO 标准砂，经过多层净化、筛选、过滤和加工而成。中国 ISO 标准砂的粒度分为三个级别：细砂为 0.08~0.50mm，中砂为 0.5~1.0mm，粗砂为 1.0~2.0mm。每种级别各占 1/3。

3）石英砂（用于配制 PVA-ECC）

本试验采用的石英砂为细石英砂，其 SiO$_2$ 含量在 99.5%~99.9% 之间，Fe$_2$O$_3$ 含量≤0.001%。应用在建筑中，具有很强的抗酸侵蚀能力。一般情况下，在 PVA-ECC 中不会加入粒径太大的集料，尤其是粗集料，因为粗集料的加入会影响 PVA 纤维的分散性，影响 PVA-ECC 性能的发挥。因此，本试验制备 PVA-ECC 所用的细石英砂粒径小于 0.3mm，细石英砂的粒径分布如表 2.2-2 所示，外观如图 2.2-1 所示。制备试块时选择 80~120 目的石英砂。

表 2.2-2　细石英砂的颗粒级配

粒径（mm）	筛余量（g）	分计筛余（%）	累计筛余（%）
2.36	0.00	0.00	0.00
1.18	0.00	0.00	0.00
0.60	0.60	0.06	0.06
0.30	156.20	15.62	15.68
0.15	738.00	73.80	89.48
0.075	67.20	6.72	96.20
<0.075	38.00	3.80	100.00

图 2.2-1　细石英砂

4) 粉煤灰

从煤燃烧后产生的烟气中收集而来的细灰称为粉煤灰。粉煤灰现已成为我国排量较大的工业废渣之一。对粉煤灰进行收集并利用,既可保护环境,又可节约资源,符合可持续发展的要求。经研究发现,掺入粉煤灰会减轻集料对 PVA 纤维分布不均的影响,且随着粉煤灰掺量的增加,集料对 PVA 纤维分布产生的消极影响会越来越小。

粉煤灰的主要氧化物由 SiO_2、Al_2O_3、CaO、Fe_2O_3、TiO_2、MgO、K_2O、Na_2O、SO_3、P_2O_5 等组成。粉煤灰的活性主要来源于活性 SiO_2 和活性 Al_2O_3 在一定碱性条件下发生水化作用。

在水泥中掺加粉煤灰的优点主要有:①减少水泥、细集料及水的用量,减少了水化热,降低了成本;②改善混凝土拌合物的和易性;③提高混凝土的抗渗性能;④提高了 PVA-ECC 的韧性和延展性;⑤削弱水泥基体与纤维的化学黏结力,可在一定强度上提升 PVA-ECC 的应变硬化性能。

5) PVA 纤维

PVA 纤维以短纤维的形式随机分布在水泥基材中,加入纤维的主要目的是控制裂缝的扩展,对水泥基材起到加强作用。目前,纤维状增强材料有很多,如聚丙烯纤维(Polypropylene Fiber, PP 纤维)、聚乙烯醇纤维(Poly Vinyl Alcohol Fiber, PVA 纤维)、聚乙烯纤维(Polyethylene Fiber, PE 纤维)和钢纤维。但是,相比而言,PE 纤维成本较高,是同体积 PVA 纤维价格的 8 倍,而 PP 纤维变形能力和增韧效果远不如 PVA 纤维。因此,应用最多的纤维是 PVA。PVA 纤维具有以下特性:

①具有较强的抗拉强度和良好的韧性。

②能提高混凝土的和易性,减少泌水现象。

③能均匀地分散在水泥基材中,并具有与水泥等胶凝材料结合能力强的特点。

④能抵抗强碱性环境的破坏,具有良好的耐久性。

⑤较高的性价比。

⑥环保绿色。

通过筛选,本研究制备 PVA-ECC 时,选用日本 KURARAY 公司生产的 PVA 纤维(图 2.2-2),体积掺量选择 1.5%、1.8%,PVA 的主要技术指标如表 2.2-3 所示。

图 2.2-2 PVA 纤维

表 2.2-3　PVA 纤维主要技术指标

长度(mm)	直径(μm)	弹性模量(GPa)	极限延伸率(%)	抗拉强度(MPa)	密度(g/cm³)
12	39	42	7	1600	1.3

6) 水

本试验所用水为实验室自来水。

7) 减水剂

本试验所用减水剂为聚羧酸高效减水剂。相对于普通减水剂,高效减水剂能有效提高减水率,增加水泥浆体的密实性。该减水剂通过表面物理化学作用,可改善水泥颗粒分散程度,且不会与水泥发生化学反应生成新产物,能有效减少水用量,提高拌合物的和易性。同时,减水剂的加入能够使纤维表面吸附自由水,从而更好地渗入水泥基体内部,降低了纤维与水泥基体的黏结强度,使得 PVA-ECC 的流动性增强。聚羧酸高效减水剂性能指标见表 2.2-4。

表 2.2-4　聚羧酸高效减水剂性能指标

状态	颜色	pH 值	比重	水溶性
液态	棕色	5.5~7.5	1.02~1.06	良好

2.3　材料配合比

本项目采用梁试件承受弯矩荷载的模拟试验,通过普通砂浆梁和 PVA-ECC 梁试件的三点弯曲试验,对比普通砂浆和 PVA-ECC 的开裂特性差异,获取 PVA-ECC 的抗开裂性能,为基于 PVA-ECC 的港口水工混凝土结构加固修复技术研究奠定数据基础。试验中所采用的普通砂浆和 PVA-ECC 的配合比分别见表 2.3-1 和表 2.3-2,共制备了掺 1.5% PVA 的 PVA-ECC、掺 1.8% PVA 的 PVA-ECC、掺 1.5% PVA + 1.2%(占水泥质量的比例,下同)结晶材料的 PVA-ECC、掺 1.5% PVA + 0.5%(占水泥质量的比例,下同)膨胀剂的 PVA-ECC 共 4 种 PVA-ECC 试件。

表 2.3-1　普通混凝土配合比(质量比)

强度等级	水灰比	配合比(P.O 42.5 水泥:石英砂:石:水:减水剂)	石子粒径(mm)
C40	0.42	1.0:1.84:3.09:0.42:0.01	5~25

表 2.3-2 PVA-ECC 配合比

描述	水灰比	PVA 掺量	配合比
掺 1.5% PVA 的 PVA-ECC	0.25	1.5%	P.O 42.5 普通硅酸盐水泥:石英砂:一级粉煤灰:水:减水剂:PVA 纤维 = 4.75:4.75:5.62:2.6:0.0518:0.1685
掺 1.8% PVA 的 PVA-ECC	0.25	1.8%	P.O 42.5 普通硅酸盐水泥:石英砂:一级粉煤灰:水:减水剂:PVA 纤维 = 4.75:4.75:5.62:2.6:0.0518:0.2022
掺 1.5% PVA + 1.2% 结晶材料的 PVA-ECC	0.25	1.5%	P.O 42.5 普通硅酸盐水泥:石英砂:一级粉煤灰:水:减水剂:PVA 纤维:结晶材料 = 4.75:4.75:5.62:2.6:0.0518:0.1685:0.057
掺 1.5% PVA + 0.5% 膨胀剂的 PVA-ECC	0.25	1.5%	P.O 42.5 普通硅酸盐水泥:石英砂:一级粉煤灰:水:减水剂:PVA 纤维:膨胀剂 = 4.75:4.75:5.62:2.6:0.0518:0.1685:0.02375

2.4 材料及试块制备

制备 PVA-ECC 时,根据上述材料配合比称量原材料,然后将称取的水泥、粉煤灰、石英砂、减水剂和膨胀剂(需要时)混合,转入滚筒搅拌机,以 30~50r/min 速度干拌 10min;然后加入称量的水,继续以 30~50r/min 速度湿拌 15min,得到基材;然后,将基材继续以 30~50r/min 的速度搅拌,同时沿搅拌机转动方向连续、均匀地将 PVA 纤维撒入基材中,此过程共计搅拌 15min。至此,PVA-ECC 制备完成。搅拌过程见图 2.4-1。

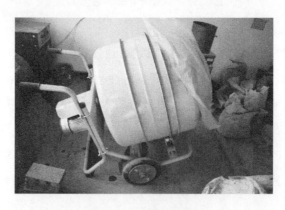

图 2.4-1 原料干搅拌

随后,将搅拌好的 PVA-ECC 浇筑入模,振捣成型,待试件成型 48h 后拆除模具(24h 试件不成型),然后将其放入标准养护室(温度 20℃±3℃、相对湿度≥95%)中养护至试验龄期后,取出进行相关力学试验。PVA-ECC 搅拌后入模时的外观如图 2.4-2 所示。

图 2.4-2 PVA-ECC 外观

2.5 小 结

为了开展基于 PVA-ECC 的港口水工钢筋混凝土结构加固修复技术研究,需要制备出合格的 PVA-ECC,并了解其相关力学特性。但 PVA-ECC 的制备对配合料的要求较为严格,而每个地区常用的混凝土配合料的特性也不一致,因此,本节对 PVA-ECC 制备所需的原材料及其特性进行了详细的论述,明确了原材料的具体种类及力学特性,确定了 PVA-ECC 的配合比,为后续试验试件的制备奠定了基础。

第 3 章 PVA-ECC 宏观力学特性的时变规律研究

3.1 引　　言

混凝土属于脆性材料,其抗拉强度低,在荷载和环境因素作用下易开裂,并且开裂后裂缝宽度很难得到控制。对于服役于海洋环境的混凝土结构,开裂为氯盐、硫酸盐、二氧化碳等外部侵蚀介质向钢筋混凝土结构内部的侵入提供了通道,引起钢筋锈蚀,混凝土进一步胀裂,进而大大缩短港口水工建筑物的服役寿命。因此,对于服役于海水环境中的混凝土结构,当出现混凝土开裂现象时,应及时加固修复。

而对于服役于海洋环境的混凝土结构,加固修复时修复材料强度一般高于原材料强度一个等级。因此,修复材料的强度应能够保证。当选用 PVA-ECC 加固修复港口水工建筑物时,其强度等级应能保证。所以,开展全面的 PVA-ECC 宏观力学特性研究是很有必要的。

3.2 试验方案设计

根据研究需要,开展了 PVA-ECC 的宏观力学性能时变规律试验及其与普通混凝土力学性能的对比试验。根据沿海港口水工建筑物常用的混凝土等级,选择 C40 混凝土强度作为参照组,与 PVA-ECC 进行宏观力学性能对比。

材料宏观力学性能指标包括立方体抗压强度、轴心抗压强度、劈裂抗拉强度、抗折强度。试块按照立方体试块(150mm×150mm×150mm)、棱柱体试块(300mm×150mm×150mm)、长方体试块(550mm×150mm×150mm)、小八字形状制作,然后进行单轴立方体抗压强度试验、抗拉强度试验、轴心抗压强度试验、静力受压弹性模量及泊松比试验、劈裂抗拉强度试验、抗折强度试验。试验时每组准备 4 个试块。按照研究内容,试块在浇筑完成后按照 3d、7d、14d、28d、45d、60d、90d、120d、150d、180d 的时间间隔进行相关试验,以掌握 PVA-ECC 的时变规律及其与普通混凝土之间的性能差异。

3.2.1 配合比设计

混凝土主要由水泥、砂、集料、水、空气及其他化学和矿物添加剂组成。混凝土中各种成分所占比例直接影响混凝土的强度,其中,水灰比和集料粒径对混凝土的强度影响较大。因此,在混凝土配合比设计中,以水灰比为控制指标,以港口水工结构中常用的集料粒径为依据,以 C40 混凝土为目标,设计试验所需的混凝土配合比。PVA-ECC 按照 PVA 掺量为 1.5%或 1.8%设计。具体的材料配合比设计见表 3.2-1 和表 3.2-2。

表 3.2-1 普通混凝土配合比(质量比)

强度等级	水灰比	配合比(P.O 42.5 普通硅酸盐水泥:石英砂:石:水:减水剂)	石子粒径(mm)
C40	0.42	1.0:1.84:3.09:0.42:0.01	5~25

表 3.2-2 PVA-ECC 配合比

类别	水灰比	PVA 掺量	配合比
掺 1.5% PVA	0.25	1.5%	P.O 42.5 普通硅酸盐水泥:石英砂:一级粉煤灰:水:减水剂:PVA 纤维 = 4.75:4.75:5.62:2.6:0.0518:0.1685
掺 1.8% PVA	0.25	1.8%	P.O 42.5 普通硅酸盐水泥:石英砂:一级粉煤灰:水:减水剂:PVA 纤维 = 4.75:4.75:5.62:2.6:0.0518:0.2022

3.2.2 试件的成型及养护

根据研究内容,拟开展 PVA-ECC 宏观力学特性的时变规律研究。本研究涉及的混凝土及 PVA-ECC 宏观力学特性指标包含立方体抗压强度、轴心抗压强度、轴心抗拉强度、静力受压弹性模量、泊松比、劈裂抗拉强度、抗折强度,因此针对上述力学性能指标,根据《混凝土物理力学性能试验方法标准》(GB/T 50081—2019)制备相应的标准试块。具体试块尺寸见表 3.2-3。试件制作见图 3.2-1。浇筑试件时,混凝土坍落度控制在 50mm,见图 3.2-2。

表 3.2-3 混凝土试块尺寸设计

测量指标	尺寸	每组试件数量
立方体抗压强度	150mm×150mm×150mm	4
轴心抗压强度	300mm×150mm×150mm	4
弹性模量及泊松比	300mm×150mm×150mm	6
轴心抗拉强度	600mm×30mm(60mm)×15mm	4
劈裂抗拉强度	150mm×150mm×150mm	4
抗折强度	550mm×150mm×150mm	4
电通量	ϕ50mm×150mm	4
冻融性能	400mm×100mm×100mm	4

a) 制备立方体块(150mm×150mm×150mm)

b) 制备冻融试验试块(400mm×100mm×100mm)

c) 制备长方体块(550mm×150mm×150mm)

d) 振动台振实

图 3.2-1　试块制备

图 3.2-2　混凝土坍落度控制

根据《混凝土物理力学性能试验方法标准》(GB/T 50081—2019)的规定,试件成型后立即采用薄膜覆盖或采取其他保持试件表面湿度的方法进行保湿,拆模后进行标准养护(温度20℃±5℃,湿度95%)或在温度20℃±2℃的Ca(OH)$_2$饱和溶液中养护。本试验中,拆模后放置于养护室中进行养护(温度20℃±5℃,湿度95%),具体见图3.2-3、图3.2-4。

图 3.2-3　试块制备

图 3.2-4　试块养护

3.2.3　试验过程设计

本试验的主要目的是获取 PVA-ECC 宏观力学特性的时变规律,以及与普通混凝土在宏观力学特性方面的区别。因此,本章以混凝土及 PVA-ECC 的宏观力学性能指标为变量来研究材料宏观力学特性的时变规律。

本试验以 C40 混凝土、掺 1.5% PVA 的 PVA-ECC、掺 1.8% PVA 的 PVA-ECC、掺 1.5% PVA+1.2%结晶材料的 PVA-ECC、掺 1.5% PVA+0.5%膨胀剂的 PVA-ECC 为试验对象,将试块(浇筑后)在养护室中分别养护 3d、7d、14d、28d、45d、60d、90d、120d、150d、180d 后进行单轴立方体抗压试验、单轴轴心抗压试验、单轴轴心抗拉试验、劈裂抗拉试验、抗折试验。试块的养护过程见图 3.2-5。

图 3.2-5 试块养护

3.3 PVA-ECC 宏观力学性能试验

为了获取非饱和混凝土宏观力学特性的时变规律,根据《混凝土物理力学性能试验方法标准》(GB/T 50081—2019)、《建筑砂浆基本性能试验方法》(JGJ 70—2009)的规定,制作了 1.5% PVA 掺量、1.8% PVA 掺量的 PVA-ECC 及 C40 混凝土试块,开展单轴静压试验,以获取单轴静压时的材料开裂特征及宏观力学特性,相关试验包括单轴立方体抗压强度试验、单轴轴心抗压试验、单轴轴心抗拉试验、劈裂抗拉试验及抗折试验,具体试验过程及试验结果详见下文。

3.3.1 立方体抗压强度测定(混凝土法)

根据《混凝土物理力学性能试验方法标准》(GB/T 50081—2019)的规定,针对分别掺 1.5% PVA、掺 1.8% PVA、掺 1.5% PVA + 1.2% 结晶材料、掺 1.5% PVA + 0.5% 膨胀剂的 PVA-ECC 及 C40 混凝土的立方体试块(150mm × 150mm × 150mm)开展单轴立方体抗压强度试验。其中,PVA-ECC 按照 3d、7d、14d、28d、90d、120d、150d、180d 的养护工况分别进行试验,然后对试验数据进行对比分析;试验加载时采用 0.5MPa/s 的加载速度,具体试验数据见表 3.3-1 ~ 表 3.3-20。数据处理过程中,确定试块强度时,以三个值的平均值作为该组试件的强度值(数值精确到 0.1MPa);若三个值中的最大值或最小值中有一个与中间值的差值超过中间值的 15% 时,则把最大值和最小值一并舍去,取中间值;若最大值和最小值与中间值的差值均超过中间值的 15%,则该组试件无效。

第3章 PVA-ECC 宏观力学特性的时变规律研究

表 3.3-1　掺 1.5%PVA 的 PVA-ECC 立方体抗压强度（3d 龄期）

测量指标	描述	尺寸 (mm×mm×mm)	加载速度 (MPa/s)	抗压强度 (MPa)	龄期 (d)	备注
立方体抗压强度	掺 1.5%PVA	150×150×150	0.5	31.7	3	—
		150×150×150	0.5	31.6	3	—
		150×150×150	0.5	29.9	3	—
	均值		—	31.1	—	

表 3.3-2　掺 1.5%PVA 的 PVA-ECC 立方体抗压强度（7d 龄期）

测量指标	描述	尺寸 (mm×mm×mm)	加载速度 (MPa/s)	抗压强度 (MPa)	龄期 (d)	备注
立方体抗压强度	掺 1.5%PVA	150×150×150	0.5	36.7	7	—
		150×150×150	0.5	37.5	7	—
		150×150×150	0.5	36.6	7	—
	均值		—	37.0	—	

表 3.3-3　掺 1.5%PVA 的 PVA-ECC 立方体抗压强度（14d 龄期）

测量指标	描述	尺寸 (mm×mm×mm)	加载速度 (MPa/s)	抗压强度 (MPa)	龄期 (d)	备注
立方体抗压强度	掺 1.5%PVA	150×150×150	0.5	44.5	14	—
		150×150×150	0.5	43.8	14	—
		150×150×150	0.5	44.4	14	—
	均值		—	44.2	—	

表 3.3-4　掺 1.5%PVA 的 PVA-ECC 立方体抗压强度（28d 龄期）

测量指标	描述	尺寸 (mm×mm×mm)	加载速度 (MPa/s)	抗压强度 (MPa)	龄期 (d)	备注
立方体抗压强度	掺 1.5%PVA	150×150×150	0.5	53.6	28	—
		150×150×150	0.5	56.9	28	—
		150×150×150	0.5	54.6	28	—
	均值		—	55.0	—	

表 3.3-5　掺 1.5%PVA 的 PVA-ECC 立方体抗压强度(90d 龄期)

测量指标	描述	尺寸 (mm×mm×mm)	加载速度 (MPa/s)	抗压强度 (MPa)	龄期 (d)	备注
立方体抗压强度	掺 1.5%PVA	150×150×150	0.5	63.9	90	—
		150×150×150	0.5	67.6	90	—
		150×150×150	0.5	66.2	90	—
均值			—	65.9	—	

表 3.3-6　掺 1.5%PVA 的 PVA-ECC 立方体抗压强度(120d 龄期)

测量指标	描述	尺寸 (mm×mm×mm)	加载速度 (MPa/s)	抗压强度 (MPa)	龄期 (d)	备注
立方体抗压强度	掺 1.5%PVA	150×150×150	0.5	67.9	120	—
		150×150×150	0.5	62.8	120	—
		150×150×150	0.5	63.7	120	—
均值			—	64.8	—	

表 3.3-7　掺 1.5%PVA 的 PVA-ECC 立方体抗压强度(150d 龄期)

测量指标	描述	尺寸 (mm×mm×mm)	加载速度 (MPa/s)	抗压强度 (MPa)	龄期 (d)	备注
立方体抗压强度	掺 1.5%PVA	150×150×150	0.5	61.3	150	—
		150×150×150	0.5	70.7	150	—
		150×150×150	0.5	71.4	150	—
均值			—	67.8	—	

表 3.3-8　掺 1.5%PVA 的 PVA-ECC 立方体抗压强度(180d 龄期)

测量指标	描述	尺寸 (mm×mm×mm)	加载速度 (MPa/s)	抗压强度 (MPa)	龄期 (d)	备注
立方体抗压强度	掺 1.5%PVA	150×150×150	0.5	67.8	180	—
		150×150×150	0.5	68.3	180	—
		150×150×150	0.5	72.2	180	—
均值			—	69.4	—	

根据上述试验结果,将掺 1.5%PVA 的 PVA-ECC 立方体抗压强度汇总于表 3.3-9。由试验数据可知,PVA-ECC 的立方体抗压强度随着养护时间的增加而不断增长,其强度的时变曲线见图 3.3-1。试验数据显示,掺 1.5%PVA 的 PVA-ECC 经 180d 养护后的立方体抗压

强度达到69.4MPa,强度非常高。可见,PVA的添加显著增强了材料的强度。

表3.3-9 掺1.5%PVA的PVA-ECC立方体抗压强度时变规律

测量指标	描述	尺寸 (mm×mm×mm)	加载速度 (MPa/s)	抗压强度 (MPa)	龄期 (d)	备注
立方体抗压强度	掺1.5%PVA	150×150×150	0.5	31.1	3	—
		150×150×150	0.5	37.0	7	—
		150×150×150	0.5	44.2	14	—
		150×150×150	0.5	55.0	28	—
		150×150×150	0.5	65.9	90	—
		150×150×150	0.5	64.8	120	—
		150×150×150	0.5	67.8	150	—
		150×150×150	0.5	69.4	180	—

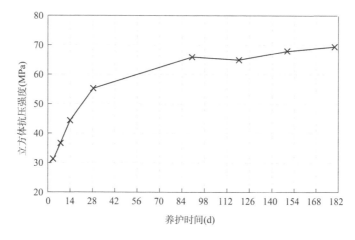

图3.3-1 掺1.5%PVA的PVA-ECC立方体抗压强度时变曲线

采用相同的试验方法,获取了掺1.8%PVA的PVA-ECC在不同龄期时的立方体抗压强度,具体结果见表3.3-10~表3.3-17。

表3.3-10 掺1.8%PVA的PVA-ECC立方体抗压强度(3d龄期)

测量指标	描述	尺寸 (mm×mm×mm)	加载速度 (MPa/s)	抗压强度 (MPa)	龄期 (d)	备注
立方体抗压强度	掺1.8%PVA	150×150×150	0.5	27.6	3	—
		150×150×150	0.5	28.9	3	—
		150×150×150	0.5	31.3	3	—
均值			—	29.2	—	

表 3.3-11　掺 1.8%PVA 的 PVA-ECC 立方体抗压强度(7d 龄期)

测量指标	描述	尺寸 (mm×mm×mm)	加载速度 (MPa/s)	抗压强度 (MPa)	龄期 (d)	备注
立方体 抗压强度	掺 1.8%PVA	150×150×150	0.5	40.4	7	—
		150×150×150	0.5	39.6	7	—
		150×150×150	0.5	43.3	7	—
均值			—	41.1	—	

表 3.3-12　掺 1.8%PVA 的 PVA-ECC 立方体抗压强度(14d 龄期)

测量指标	描述	尺寸 (mm×mm×mm)	加载速度 (MPa/s)	抗压强度 (MPa)	龄期 (d)	备注
立方体 抗压强度	掺 1.8%PVA	150×150×150	0.5	44.5	14	—
		150×150×150	0.5	52.2	14	—
		150×150×150	0.5	50.1	14	—
均值			—	48.9	—	

表 3.3-13　掺 1.8%PVA 的 PVA-ECC 立方体抗压强度(28d 龄期)

测量指标	描述	尺寸 (mm×mm×mm)	加载速度 (MPa/s)	抗压强度 (MPa)	龄期 (d)	备注
立方体 抗压强度	掺 1.8%PVA	150×150×150	0.5	68.4	28	—
		150×150×150	0.5	67.7	28	—
		150×150×150	0.5	65.0	28	—
均值			—	67.0	—	

表 3.3-14　掺 1.8%PVA 的 PVA-ECC 立方体抗压强度(90d 龄期)

测量指标	描述	尺寸 (mm×mm×mm)	加载速度 (MPa/s)	抗压强度 (MPa)	龄期 (d)	备注
立方体 抗压强度	掺 1.8%PVA	150×150×150	0.5	78.6	90	—
		150×150×150	0.5	75.0	90	—
		150×150×150	0.5	74.4	90	—
均值			—	76.0	—	

表 3.3-15 掺 1.8%PVA 的 PVA-ECC 立方体抗压强度（120d 龄期）

测量指标	描述	尺寸 （mm×mm×mm）	加载速度 （MPa/s）	抗压强度 （MPa）	龄期 （d）	备注
立方体 抗压强度	掺 1.8%PVA	150×150×150	0.5	65.3	120	—
		150×150×150	0.5	67.3	120	—
		150×150×150	0.5	61.0	120	—
	均值		—	64.5	—	

表 3.3-16 掺 1.8%PVA 的 PVA-ECC 立方体抗压强度（150d 龄期）

测量指标	描述	尺寸 （mm×mm×mm）	加载速度 （MPa/s）	抗压强度 （MPa）	龄期 （d）	备注
立方体 抗压强度	掺 1.8%PVA	150×150×150	0.5	77.9	150	—
		150×150×150	0.5	70.3	150	—
		150×150×150	0.5	72.1	150	—
	均值		—	73.4	—	

表 3.3-17 掺 1.8%PVA 的 PVA-ECC 立方体抗压强度（180d 龄期）

测量指标	描述	尺寸 （mm×mm×mm）	加载速度 （MPa/s）	抗压强度 （MPa）	龄期 （d）	备注
立方体 抗压强度	掺 1.8%PVA	150×150×150	0.5	76.4	180	—
		150×150×150	0.5	75.7	180	—
		150×150×150	0.5	76.1	180	—
	均值		—	76.1	—	

根据上述试验结果，将掺 1.8%PVA 的 PVA-ECC 立方体抗压强度汇总于表 3.3-18。由试验数据可知，PVA-ECC 的立方体抗压强度随着养护时间的增加而不断增长，其强度的时变曲线见图 3.3-2。试验数据显示，掺 1.8%PVA 的 PVA-ECC 经 180d 养护后的立方体抗压强度达到 76.1MPa，强度非常高。可见，PVA 的添加显著增强了材料的强度。

表 3.3-18 掺 1.8%PVA 的 PVA-ECC 立方体抗压强度时变规律

测量指标	描述	尺寸 （mm×mm×mm）	加载速度 （MPa/s）	抗压强度 （MPa）	龄期 （d）	备注
立方体 抗压强度	掺 1.8%PVA	150×150×150	0.5	29.2	3	—
		150×150×150	0.5	41.1	7	—
		150×150×150	0.5	48.9	14	—

续上表

测量指标	描述	尺寸 （mm×mm×mm）	加载速度 （MPa/s）	抗压强度 （MPa）	龄期 （d）	备注
立方体抗压强度	掺1.8%PVA	150×150×150	0.5	67.0	28	—
		150×150×150	0.5	76.0	90	—
		150×150×150	0.5	65.4	120	—
		150×150×150	0.5	73.4	150	—
		150×150×150	0.5	76.1	180	—

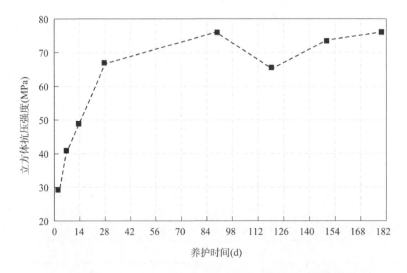

图 3.3-2　掺 1.5%PVA 的 PVA-ECC 立方体抗压强度的时变曲线

采用相同的试验方法,获取了掺 1.5%PVA＋1.2%结晶材料的 PVA-ECC 在不同龄期时的立方体抗压强度,具体结果见表 3.3-19～表 3.3-21。

表 3.3-19　掺 1.5%PVA＋1.2%结晶材料的 PVA-ECC 立方体抗压强度(7d 龄期)

测量指标	描述	尺寸 （mm×mm×mm）	加载速度 （MPa/s）	抗压强度 （MPa）	龄期 （d）	备注
立方体抗压强度	掺1.5%PVA＋1.2%结晶材料	150×150×150	0.5	39.4	7	—
		150×150×150	0.5	37.5	7	—
		150×150×150	0.5	39.1	7	—
均值			—	38.6	—	

第3章　PVA-ECC宏观力学特性的时变规律研究

表3.3-20　掺1.5%PVA+1.2%结晶材料的PVA-ECC立方体抗压强度（14d龄期）

测量指标	描述	尺寸 （mm×mm×mm）	加载速度 （MPa/s）	抗压强度 （MPa）	龄期 （d）	备注
立方体 抗压强度	掺1.5%PVA+ 1.2%结晶材料	150×150×150	0.5	49.8	14	—
		150×150×150	0.5	46.2	14	—
		150×150×150	0.5	47.8	14	—
均值			—	47.9	—	

表3.3-21　掺1.5%PVA+1.2%结晶材料的PVA-ECC立方体抗压强度（28d龄期）

测量指标	描述	尺寸 （mm×mm×mm）	加载速度 （MPa/s）	抗压强度 （MPa）	龄期 （d）	备注
立方体 抗压强度	掺1.5%PVA+ 1.2%结晶材料	150×150×150	0.5	52.8	28	—
		150×150×150	0.5	58.2	28	—
		150×150×150	0.5	50.4	28	—
均值			—	53.8	—	

根据上述试验结果,将掺1.5%PVA+1.2%结晶材料的PVA-ECC立方体抗压强度汇总于表3.3-22。由试验数据可知,掺加结晶材料的PVA-ECC的立方体抗压强度随着养护时间的增加而不断增长,其强度的时变曲线见图3.3-3。试验数据显示,掺1.5%PVA+1.2%结晶材料的PVA-ECC经28d养护后的立方体抗压强度达到53.8MPa,比同种配合比不掺加结晶材料的PVA-ECC材料强度略低。

表3.3-22　掺1.5%PVA+1.2%结晶材料的PVA-ECC立方体抗压强度时变规律

测量指标	描述	尺寸 （mm×mm×mm）	加载速度 （MPa/s）	抗压强度 （MPa）	龄期 （d）	备注
立方体 抗压强度	掺1.5%PVA+ 1.2%结晶材料	150×150×150	0.5	0.0	0	—
		150×150×150	0.5	38.6	7	—
		150×150×150	0.5	47.9	14	—
		150×150×150	0.5	53.8	28	—

采用相同的试验方法,获取了掺1.5%PVA+0.5%膨胀剂的PVA-ECC在不同龄期时的立方体抗压强度,具体结果见表3.3-23~表3.3-25。

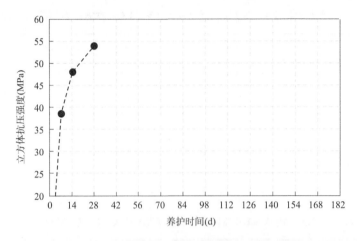

图 3.3-3 掺 1.5%PVA+1.2%结晶材料的 PVA-ECC 立方体抗压强度时变曲线

表 3.3-23 掺 1.5%PVA+0.5%膨胀剂的 PVA-ECC 立方体抗压强度(7d 龄期)

测量指标	描述	尺寸 (mm×mm×mm)	加载速度 (MPa/s)	抗压强度 (MPa)	龄期 (d)	备注
立方体 抗压强度	掺 1.5%PVA+ 0.5%膨胀剂	150×150×150	0.5	34.1	7	—
		150×150×150	0.5	25.1	7	—
		150×150×150	0.5	24.2	7	无效
均值			—	25.1	—	

表 3.3-24 掺 1.5%PVA+0.5%膨胀剂的 PVA-ECC 立方体抗压强度(14d 龄期)

测量指标	描述	尺寸 (mm×mm×mm)	加载速度 (MPa/s)	抗压强度 (MPa)	龄期 (d)	备注
立方体 抗压强度	掺 1.5%PVA+ 0.5%膨胀剂	150×150×150	0.5	44.7	14	—
		150×150×150	0.5	44.0	14	—
		150×150×150	0.5	34.1	14	无效
均值			—	44.0	—	

表 3.3-25 掺 1.5%PVA+0.5%膨胀剂的 PVA-ECC 立方体抗压强度(28d 龄期)

测量指标	描述	尺寸 (mm×mm×mm)	加载速度 (MPa/s)	抗压强度 (MPa)	龄期 (d)	备注
立方体 抗压强度	掺 1.5%PVA+ 0.5%膨胀剂	150×150×150	0.5	50.9	28	—
		150×150×150	0.5	51.7	28	—
		150×150×150	0.5	55.2	28	—
均值			—	52.6	—	

根据上述试验结果,将掺1.5%PVA+0.5%膨胀剂的PVA-ECC立方体抗压强度汇总于表3.3-26。由试验数据可知,掺加膨胀剂的PVA-ECC立方体抗压强度随着养护时间的增加而不断增长,其强度的时变曲线见图3.3-4。试验数据显示,掺1.5%PVA+0.5%膨胀剂的PVA-ECC经28d养护后的立方体抗压强度达到52.6MPa,比同种配合比不掺加膨胀剂的PVA-ECC强度略低,与掺加结晶材料的PVA-ECC的强度相当。

表3.3-26 掺1.5%PVA+0.5%膨胀剂的PVA-ECC立方体抗压强度时变规律

测量指标	描述	尺寸 (mm×mm×mm)	加载速度 (MPa/s)	抗压强度 (MPa)	龄期 (d)	备注
立方体 抗压强度	掺1.5%PVA+ 0.5%膨胀剂	150×150×150	0.5	0.0	0	—
		150×150×150	0.5	25.1	7	—
		150×150×150	0.5	44.0	14	—
		150×150×150	0.5	52.6	28	—

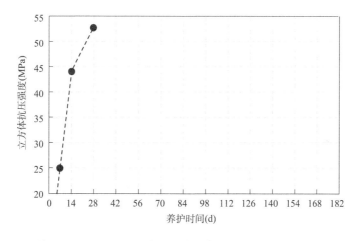

图3.3-4 掺1.5%PVA+0.5%膨胀剂的PVA-ECC立方体抗压强度时变曲线

为了与普通混凝土进行对比,采用相同的试验方法,获取了C40混凝土在不同龄期时的立方体抗压强度,具体结果见表3.3-27~表3.3-29。

表3.3-27 C40混凝土立方体抗压强度(28d龄期)

测量指标	描述	尺寸 (mm×mm×mm)	加载速度 (MPa/s)	抗压强度 (MPa)	龄期 (d)	备注
立方体 抗压强度	C40	150×150×150	0.5	46.7	28	—
		150×150×150	0.5	49.9	28	—
		150×150×150	0.5	41.5	28	—
均值			—	46.0	—	

表 3.3-28 C40 混凝土立方体抗压强度（161d 龄期）

测量指标	描述	尺寸 （mm×mm×mm）	加载速度 （MPa/s）	抗压强度 （MPa）	龄期 （d）	备注
立方体 抗压强度	C40	150×150×150	0.5	51.2	161	—
		150×150×150	0.5	40.1	161	—
		150×150×150	0.5	46.0	161	—
均值			—	45.8	—	

表 3.3-29 C40 混凝土立方体抗压强度（180d 龄期）

测量指标	描述	尺寸 （mm×mm×mm）	加载速度 （MPa/s）	抗压强度 （MPa）	龄期 （d）	备注
立方体 抗压强度	C40	150×150×150	0.5	47.1	180	—
		150×150×150	0.5	46.2	180	—
		150×150×150	0.5	37.8	180	—
均值			—	46.2	—	

根据上述试验结果，将 C40 混凝土立方体抗压强度汇总于表 3.3-30。由试验数据可知，随着养护时间增加，C40 混凝土的立方体抗压强度的变化比较平稳，其强度的时变规律曲线见图 3.3-5。试验数据显示，C40 混凝土经 28d 养护后的立方体抗压强度与 180d 龄期的强度相差不大。

表 3.3-30 C40 混凝土立方体抗压强度的时变规律

测量指标	描述	尺寸 （mm×mm×mm）	加载速度 （MPa/s）	抗压强度 （MPa）	龄期 （d）	备注
立方体 抗压强度	C40 混凝土	150×150×150	0.5	0.0	0	—
		150×150×150	0.5	46.0	28	—
		150×150×150	0.5	45.8	161	—
		150×150×150	0.5	46.2	180	—

为了分析不同材料立方体试块在不同龄期的强度时变规律，根据上述试验数据，将 C40 混凝土、掺 1.5%PVA 的 PVA-ECC、掺 1.8%PVA 的 PVA-ECC、掺 1.5%PVA+1.2%结晶材料的 PVA-ECC、掺 1.5%PVA+0.5%膨胀剂的 PVA-ECC 的立方体试块在不同龄期的单轴立方体抗压强度的时变曲线汇总在图 3.3-6。由图 3.3-6 可知，随着龄期的增加，单轴立方体抗压强度呈现逐渐增大的趋势；掺 1.8%PVA 的 PVA-ECC 的强度高于掺 1.5%PVA 的 PVA-

ECC 的强度,掺 1.5% PVA 的 PVA-ECC 的强度高于掺 1.5% PVA + 1.2% 结晶材料的 PVA-ECC 的强度,掺 1.5% PVA + 1.2% 结晶材料的 PVA-ECC 的强度高于掺 1.5% PVA + 0.5% 膨胀剂的 PVA-ECC 的强度,并且以上材料强度均高于 C40 混凝土。由数据可知,1.8% PVA 掺量的 PVA-ECC 经 180d 养护后的立方体抗压强度达到 76.1MPa,强度非常高。

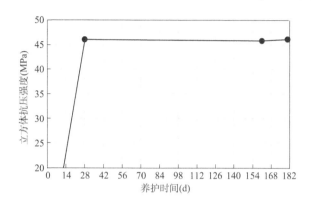

图 3.3-5　C40 混凝土立方体抗压强度时变曲线

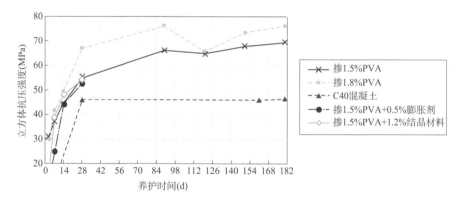

图 3.3-6　不同材料立方体抗压强度的时变曲线

为了预测 PVA-ECC 的强度,为实际工程加固时的材料配合比设计提供技术支撑,对掺 1.5% PVA 的 PVA-ECC 和掺 1.8% PVA 的 PVA-ECC 的立方体抗压强度试验值进行了拟合,得到了 PVA-ECC 立方体抗压强度的时变规律预测公式,见式(3.3-1)。为了验证公式的合理性,将按照式(3.3-1)绘制的曲线与试验值进行比较,式(3.3-1)的拟合值与试验值比较接近,可用于不同配比、不同龄期 PVA-ECC 的强度预测。

$$f_{\mathrm{p}} = \frac{(13.82 - 2.704 \times \mathrm{PVA}) \times (\ln D)^{1-\mathrm{PVA}/10}}{2 - (\ln D)^{\mathrm{PVA}/10}} + 12.859\mathrm{PVA} \tag{3.3-1}$$

式中:f_{p}——PVA-ECC 的立方体抗压强度(MPa);

D——养护天数(d);

PVA——PVA 掺量,如 PVA 掺量为 1.5%,则 PVA = 1.5。

3.3.2 立方体抗压强度测定(砂浆法)

根据《建筑砂浆基本性能试验方法》(JGJ 70—2009)的规定,针对掺1.5%PVA的PVA-ECC、掺1.8%PVA的PVA-ECC、掺1.5%PVA+1.2%结晶材料的PVA-ECC、掺1.5%PVA+0.5%膨胀剂的PVA-ECC共4类立方体试块(尺寸均为70.7cm×70.7cm×70.7cm)开展单轴立方体抗压强度试验,分别在3d、7d、14d、28d龄期时进行单轴立方体抗压强度试验(其中,掺1.5%PVA+1.2%结晶材料的PVA-ECC、掺1.5%PVA+0.5%膨胀剂的PVA-ECC,在试块龄期为7d、14d、28d时进行单轴立方体抗压强度试验),见图3.3-7。试验加载时采用1.5kN/s的加载速度,具体试验数据见表3.3-31~表3.3-34。数据处理过程中,确定砂浆强度值时,以三个值的平均值的1.3倍作为该组试件的强度值(精确到0.1MPa);若三个值中的最大值或最小值中有一个与中间值的差值超过中间值的15%时,则把最大值和最小值一并舍去,取中间值;若最大值和最小值与中间值的差值均超过中间值的15%,则该组试件无效。

图3.3-7 立方体抗压强度试验

表3.3-31 掺1.5%PVA的PVA-ECC立方体抗压强度(3d龄期)

测量指标	描述	尺寸 (mm×mm×mm)	加载速度 (kN/s)	抗压强度 (MPa)	龄期 (d)	备注
立方体 抗压强度	掺1.5%PVA	70.7×70.7×70.7	1.5	31.5	3	—
		70.7×70.7×70.7	1.5	26.6	3	—
		70.7×70.7×70.7	1.5	30.7	3	—
均值			—	29.6	—	—
1.3×均值				38.5		

第3章 PVA-ECC 宏观力学特性的时变规律研究

表 3.3-32 掺 1.5%PVA 的 PVA-ECC 立方体抗压强度(7d 龄期)

测量指标	描述	尺寸 (mm×mm×mm)	加载速度 (kN/s)	抗压强度 (MPa)	龄期 (d)	备注
立方体抗压强度	掺 1.5%PVA	70.7×70.7×70.7	1.5	46.7	7	—
		70.7×70.7×70.7	1.5	45.6	7	—
		70.7×70.7×70.7	1.5	44.1	7	—
均值		—		45.5	—	
1.3×均值		—		59.1	—	

表 3.3-33 掺 1.5%PVA 的 PVA-ECC 立方体抗压强度(14d 龄期)

测量指标	描述	尺寸 (mm×mm×mm)	加载速度 (kN/s)	抗压强度 (MPa)	龄期 (d)	备注
立方体抗压强度	掺 1.5%PVA	70.7×70.7×70.7	1.5	54.4	14	—
		70.7×70.7×70.7	1.5	52.9	14	—
		70.7×70.7×70.7	1.5	57.2	14	—
均值		—		54.8	—	
1.3×均值		—		71.3	—	

表 3.3-34 掺 1.5%PVA 的 PVA-ECC 立方体抗压强度(28d 龄期)

测量指标	描述	尺寸 (mm×mm×mm)	加载速度 (kN/s)	抗压强度 (MPa)	龄期 (d)	备注
立方体抗压强度	掺 1.5%PVA	70.7×70.7×70.7	1.5	51.0	28	—
		70.7×70.7×70.7	1.5	56.6	28	—
		70.7×70.7×70.7	1.5	58.5	28	—
均值		—		55.4	—	
1.3×均值		—		72.0	—	

根据上述试验结果,将 1.5%PVA 掺量的 PVA-ECC 立方体抗压强度汇总于表 3.3-35。由试验数据可知,PVA-ECC 立方体抗压强度随着养护时间的增加而不断增长。试验数据显示,1.5%PVA 掺量的 PVA-ECC 经 28d 养护后的立方体抗压强度达到 72.0MPa,强度非常高。可见,PVA 的添加显著增强了材料的强度。

采用相同的试验方法,获取了 1.8%PVA 掺量的 PVA-ECC 在不同龄期时的立方体抗压强度,具体结果见表3.3-36~表3.3-39。

表3.3-35 不同龄期时掺1.5%PVA的PVA-ECC立方体抗压强度的时变规律

测量指标	描述	尺寸 (mm×mm×mm)	加载速度 (kN/s)	抗压强度 (MPa)	龄期 (d)	备注
立方体 抗压强度	掺1.5%PVA	70.7×70.7×70.7	1.5	38.5	3	—
		70.7×70.7×70.7	1.5	59.1	7	—
		70.7×70.7×70.7	1.5	71.3	14	—
		70.7×70.7×70.7	1.5	72.0	28	—

表3.3-36 掺1.8%PVA的PVA-ECC立方体抗压强度(3d龄期)

测量指标	描述	尺寸 (mm×mm×mm)	加载速度 (kN/s)	抗压强度 (MPa)	龄期 (d)	备注
立方体 抗压强度	掺1.8%PVA	70.7×70.7×70.7	1.5	34.6	3	—
		70.7×70.7×70.7	1.5	32.8	3	—
		70.7×70.7×70.7	1.5	34.5	3	—
均值			—	34	—	
1.3×均值			—	44.1	—	

表3.3-37 掺1.8%PVA的PVA-ECC立方体抗压强度(7d龄期)

测量指标	描述	尺寸 (mm×mm×mm)	加载速度 (kN/s)	抗压强度 (MPa)	龄期 (d)	备注
立方体 抗压强度	掺1.8%PVA	70.7×70.7×70.7	1.5	46.5	7	—
		70.7×70.7×70.7	1.5	51.4	7	—
		70.7×70.7×70.7	1.5	51.3	7	—
均值			—	49.7	—	
1.3×均值			—	64.7	—	

表3.3-38 掺1.8%PVA的PVA-ECC立方体抗压强度(14d龄期)

测量指标	描述	尺寸 (mm×mm×mm)	加载速度 (kN/s)	抗压强度 (MPa)	龄期 (d)	备注
立方体 抗压强度	掺1.8%PVA	70.7×70.7×70.7	1.5	57.1	14	—
		70.7×70.7×70.7	1.5	53.6	14	—
		70.7×70.7×70.7	1.5	57.6	14	—
均值			—	56.1	—	
1.3×均值			—	72.9	—	

第3章 PVA-ECC宏观力学特性的时变规律研究

表 3.3-39　掺 1.8%PVA 的 PVA-ECC 立方体抗压强度（28d 龄期）

测量指标	描述	尺寸 （mm×mm×mm）	加载速度 （kN/s）	抗压强度 （MPa）	龄期 （d）	备注
立方体 抗压强度	掺 1.8%PVA	70.7×70.7×70.7	1.5	65.3	28	—
		70.7×70.7×70.7	1.5	67.3	28	—
		70.7×70.7×70.7	1.5	61.0	28	—
均值			—	64.5	—	
1.3×均值			—	83.9	—	

根据上述试验结果，将 1.8%PVA 掺量的 PVA-ECC 立方体抗压强度汇总于表 3.3-40。由试验数据可知，PVA-ECC 的立方体抗压强度随着养护时间的增加而不断增长。试验数据显示，1.8%PVA 掺量的 PVA-ECC 经 28d 养护后的立方体抗压强度达到 83.9MPa，强度非常高。可见，PVA 的添加显著增强了材料的强度。

表 3.3-40　不同龄期时掺 1.8%PVA 的 PVA-ECC 立方体抗压强度的时变规律

测量指标	描述	尺寸 （mm×mm×mm）	加载速度 （kN/s）	抗压强度 （MPa）	龄期 （d）	备注
立方体 抗压强度	掺 1.8%PVA	70.7×70.7×70.7	1.5	44.1	3	—
		70.7×70.7×70.7	1.5	64.7	7	—
		70.7×70.7×70.7	1.5	72.9	14	—
		70.7×70.7×70.7	1.5	83.9	28	—

采用相同的试验方法，获取了掺 1.5%PVA+1.2%结晶材料的 PVA-ECC 在不同龄期时的立方体抗压强度，具体结果见表 3.3-41～表 3.3-43。

表 3.3-41　掺 1.5%PVA+1.2%结晶材料的 PVA-ECC 立方体抗压强度（7d 龄期）

测量指标	描述	尺寸 （mm×mm×mm）	加载速度 （kN/s）	抗压强度 （MPa）	龄期 （d）	备注
立方体 抗压强度	掺 1.5%PVA+ 1.2%结晶材料	70.7×70.7×70.7	1.5	46.1	7	—
		70.7×70.7×70.7	1.5	45.1	7	—
		70.7×70.7×70.7	1.5	47.2	7	—
均值			—	46.1	—	
1.3×均值			—	59.9	—	

表 3.3-42　掺 1.5%PVA+1.2%结晶材料的 PVA-ECC 立方体抗压强度(14d 龄期)

测量指标	描述	尺寸 (mm×mm×mm)	加载速度 (kN/s)	抗压强度 (MPa)	龄期 (d)	备注
立方体 抗压强度	掺 1.5%PVA+ 1.2%结晶材料	70.7×70.7×70.7	1.5	55.0	14	—
		70.7×70.7×70.7	1.5	59.9	14	—
		70.7×70.7×70.7	1.5	58.9	14	—
均值			—	57.9	—	—
1.3×均值			—	75.3	—	—

表 3.3-43　掺 1.5%PVA+1.2%结晶材料的 PVA-ECC 立方体抗压强度(28d 龄期)

测量指标	描述	尺寸 (mm×mm×mm)	加载速度 (kN/s)	抗压强度 (MPa)	龄期 (d)	备注
立方体 抗压强度	掺 1.5%PVA+ 1.2%结晶材料	70.7×70.7×70.7	1.5	67.5	28	—
		70.7×70.7×70.7	1.5	67.5	28	—
		70.7×70.7×70.7	1.5	57.6	28	—
均值			—	64.2	—	—
1.3×均值			—	83.5	—	—

根据上述试验结果,将掺 1.5%PVA+1.2%结晶材料的 PVA-ECC 立方体抗压强度汇总于表 3.3-44。由试验数据可知,掺加结晶材料的 PVA-ECC 立方体抗压强度随着养护时间的增加而不断增长。试验数据显示,掺 1.5%PVA+1.2%结晶材料的 PVA-ECC 经 28d 养护后的立方体抗压强度达到 83.5MPa,比同种配合比不掺加结晶材料的 PVA-ECC 强度略低。

表 3.3-44　不同龄期时掺 1.5%PVA+1.2%结晶材料的 PVA-ECC 立方体抗压强度的时变规律

测量指标	描述	尺寸 (mm×mm×mm)	加载速度 (kN/s)	抗压强度 (MPa)	龄期 (d)	备注
立方体 抗压强度	掺 1.5%PVA+ 1.2%结晶材料	70.7×70.7×70.7	1.5	59.9	7	—
		70.7×70.7×70.7	1.5	75.3	14	—
		70.7×70.7×70.7	1.5	83.5	28	—

采用相同的试验方法,获取了掺 1.5%PVA+0.5%膨胀剂的 PVA-ECC 在不同龄期时的立方体抗压强度,具体结果见表 3.3-45～表 3.3-47。

第3章 PVA-ECC宏观力学特性的时变规律研究

表 3.3-45　掺 1.5%PVA+0.5%膨胀剂的 PVA-ECC 立方体抗压强度(7d 龄期)

测量指标	描述	尺寸 (mm×mm×mm)	加载速度 (kN/s)	抗压强度 (MPa)	龄期 (d)	备注
立方体 抗压强度	掺 1.5%PVA+ 0.5%膨胀剂	70.7×70.7×70.7	1.5	39.8	7	—
		70.7×70.7×70.7	1.5	43.1	7	—
		70.7×70.7×70.7	1.5	42.4	7	—
均值			—	41.7	—	
1.3×均值			—	54.3	—	

表 3.3-46　掺 1.5%PVA+0.5%膨胀剂的 PVA-ECC 立方体抗压强度(14d 龄期)

测量指标	描述	尺寸 (mm×mm×mm)	加载速度 (kN/s)	抗压强度 (MPa)	龄期 (d)	备注
立方体 抗压强度	掺 1.5%PVA+ 0.5%膨胀剂	70.7×70.7×70.7	1.5	54.3	14	—
		70.7×70.7×70.7	1.5	40.5	14	无效
		70.7×70.7×70.7	1.5	51.7	14	—
均值			—	48.9	—	
1.3×均值			—	67.2	—	

表 3.3-47　掺 1.5%PVA+0.5%膨胀剂的 PVA-ECC 立方体抗压强度(28d 龄期)

测量指标	描述	尺寸 (mm×mm×mm)	加载速度 (kN/s)	抗压强度 (MPa)	龄期 (d)	备注
立方体 抗压强度	掺 1.5%PVA+ 0.5%膨胀剂	70.7×70.7×70.7	1.5	57.4	28	—
		70.7×70.7×70.7	1.5	57.8	28	—
		70.7×70.7×70.7	1.5	58.1	28	—
均值			—	57.8	—	
1.3×均值			—	75.1	—	

根据上述试验结果,将掺 1.5%PVA+0.5%膨胀剂的 PVA-ECC 立方体抗压强度汇总于表 3.3-48。由试验数据可知,掺加结晶材料的 PVA-ECC 立方体抗压强度随着养护时间的增加而不断增长。试验数据显示,掺 1.5%PVA+0.5%膨胀剂的 PVA-ECC 经 28d 养护后的立方体抗压强度达到 75.1MPa,比同种配合比、不掺加结晶材料的 PVA-ECC 及掺加结晶材料的 PVA-ECC 的强度均略低。

表 3.3-48　不同龄期时掺 1.5%PVA+0.5%膨胀剂的 PVA-ECC 立方体抗压强度的时变规律

测量指标	描述	尺寸 （mm×mm×mm）	加载速度 （kN/s）	抗压强度 （MPa）	龄期 （d）	备注
立方体 抗压强度	掺 1.5%PVA+ 0.5%膨胀剂	70.7×70.7×70.7	1.5	54.3	7	—
		70.7×70.7×70.7	1.5	67.2	14	—
		70.7×70.7×70.7	1.5	75.1	28	—

为了研究这四类砂浆立方体试块在不同龄期的强度时变规律，对掺 1.5%PVA 的 PVA-ECC、掺 1.8%PVA 的 PVA-ECC、掺 1.5%PVA+1.2%结晶材料的 PVA-ECC、掺 1.5%PVA+0.5%膨胀剂的 PVA-ECC 共 4 类砂浆立方体试块在龄期分别为 3d、7d、14d、28d（其中，掺 1.5%PVA+1.2%结晶材料的 PVA-ECC、掺 1.5%PVA+0.5%膨胀剂的 PVA-ECC 两类试块在龄期分别为 7d、14d、28d 时）的单轴立方体抗压强度进行对比分析，这四类砂浆立方体试块强度的时变规律曲线见图 3.3-8。由图 3.3-8 可知，随着龄期的增加，单轴立方体抗压强度呈现逐渐上升的趋势；由具体试验数据可知，掺 1.5%PVA 的 PVA-ECC 砂浆立方体试块在经 28d 养护后，强度比 3d 龄期增大了 25.8MPa（增幅为 87%）；掺 1.8%PVA 的 PVA-ECC 砂浆立方体试块在经 28d 养护后，强度比 3d 龄期增大了 30.5MPa（增幅为 90%）；掺 1.5%PVA+1.2%结晶材料的 PVA-ECC 砂浆立方体试块在经 28d 养护后，强度比 7d 龄期增大了 18.1MPa（增幅为 39%）；掺 1.5%PVA+0.5%膨胀剂的 PVA-ECC 砂浆立方体试块在经 28d 养护后，强度相比 7d 龄期增大了 16.1MPa（增幅为 38%）。总体看，四类砂浆立方体试块在养护 28d 后，单轴立方体抗压强度均有大幅的上升。通过对比图 3.3-8 中掺 1.5%PVA 的 PVA-ECC、掺 1.5%PVA+1.2%结晶材料的 PVA-ECC、掺 1.5%PVA+0.5%膨胀剂的 PVA-ECC 三类立方体抗压强度时变曲线，相比不掺加任何添加剂，掺入结晶材料会使砂浆后期强度增大 11.5MPa（增幅为 16%）；而掺入膨胀剂会使砂浆的早期强度减小 4.8MPa（降幅为 8%），但后期强度增幅变大。

综上所述，通过掺 1.5%PVA 的 PVA-ECC、掺 1.8%PVA 的 PVA-ECC、掺 1.5%PVA+1.2%结晶材料的 PVA-ECC、掺 1.5%PVA+0.5%膨胀剂的 PVA-ECC 四类试块的立方体抗压强度试验可知，随着养护龄期的增加以及掺入纤维量的增加，砂浆的强度逐渐上升。对四种配合比进行比较，发现：掺 1.8%PVA 的 PVA-ECC、掺 1.5%PVA 的 PVA-ECC、掺 1.5%PVA+1.2%结晶材料的 PVA-ECC、掺 1.5%PVA+0.5%膨胀剂的 PVA-ECC 的强度依次增大；掺加结晶材料会增大砂浆的后期强度，增幅为 16%；掺加膨胀剂虽然会使砂浆早期强度降低 8%，但会提高后期强度增长速度。但通过数据对比分析可知，采用 70.7cm×70.7cm×70.7cm 的立方体试块获取的强度明显大于以 150cm×150cm×150cm 的立方体试块获取的强度。因此,在进行 PVA-ECC 立方体抗压强度试验时,应根据实际需求选择试块尺寸。

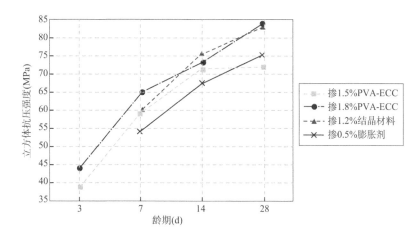

图 3.3-8　不同配合比 PVA-ECC 立方体抗压强度的时变曲线

3.3.3　轴心抗压强度测定

根据《混凝土物理力学性能试验方法标准》(GB/T 50081—2019)的规定,针对掺 1.5% PVA 的 PVA-ECC、掺 1.8% PVA 的 PVA-ECC、掺 1.5% PVA + 1.2% 结晶材料的 PVA-ECC、掺 1.5% PVA + 0.5% 膨胀剂的 PVA-ECC 共四类立方体试块,在标准养护条件下 28d 后进行单轴轴心抗压对比试验,试验加载时采用 0.5MPa/s 的加载速度,具体试验数据见表 3.3-49 ~ 表 3.3-53。

表 3.3-49　C40 混凝土轴心抗压强度

测量指标	描述	尺寸 (mm×mm×mm)	加载速度 (MPa/s)	抗压强度 (MPa)	龄期 (d)	备注
轴心抗压强度	C40	150×150×300	0.5	32.0	28	—
		150×150×300	0.5	40.3	28	无效
		150×150×300	0.5	30.8	28	无效
均值			—	32.0		

数据处理过程中,确定混凝土强度时,取三个值的平均值作为该组试件的强度值(精确到 0.1MPa);若三个值中的最大值或最小值中有一个与中间值的差值超过中间值的 15%,则把最大值和最小值一并舍去,取中间值;若最大值和最小值与中间值的差值均超过中间值的 15%,则该组试件无效。

表 3.3-50　掺 1.5%PVA 的 PVA-ECC 轴心抗压强度

测量指标	描述	尺寸 （mm×mm×mm）	加载速度 （MPa/s）	抗压强度 （MPa）	龄期 （d）	备注
轴心抗压强度	掺 1.5%PVA	150×150×300	0.5	61.1	28	无效
		150×150×300	0.5	56.5	28	—
		150×150×300	0.5	45.1	28	无效
均值			—	56.5	—	—

表 3.3-51　掺 1.8%PVA 的 PVA-ECC 轴心抗压强度

测量指标	描述	尺寸 （mm×mm×mm）	加载速度 （MPa/s）	抗压强度 （MPa）	龄期 （d）	备注
轴心抗压强度	掺 1.8%PVA	150×150×300	0.5	59.5	28	—
		150×150×300	0.5	58.9	28	—
		150×150×300	0.5	59.3	28	—
均值			—	59.2	—	—

表 3.3-52　掺 1.5%PVA+1.2%结晶材料的 PVA-ECC 轴心抗压强度

测量指标	描述	尺寸 （mm×mm×mm）	加载速度 （MPa/s）	抗压强度 （MPa）	龄期 （d）	备注
轴心抗压强度	掺 1.5%PVA+ 1.2%结晶材料	150×150×300	0.5	75.0	142	无效
		150×150×300	0.5	37.9	142	无效
		150×150×300	0.5	72.4	142	—
均值			—	72.4	—	—

表 3.3-53　掺 1.5%PVA+0.5%膨胀剂的 PVA-ECC 轴心抗压强度

测量指标	描述	尺寸 （mm×mm×mm）	加载速度 （MPa/s）	抗压强度 （MPa）	龄期 （d）	备注
轴心抗压强度	掺 1.5%PVA+ 0.5%膨胀剂	150×150×300	0.5	70.3	142	—
		150×150×300	0.5	54.4	142	无效
		150×150×300	0.5	71.9	142	无效
均值			—	70.3	—	—

为了分析不同强度材料的轴心抗压强度规律，根据上述试验数据，将 C40 混凝土、掺 1.5%PVA 的 PVA-ECC、掺 1.8%PVA 的 PVA-ECC、掺 1.5%PVA+1.2%结晶材料的 PVA-ECC、掺 1.5%PVA+0.5%膨胀剂的 PVA-ECC 在不同龄期的轴心抗压强度汇总于表 3.3-54。

由数据可知,纤维的掺加可显著提升材料的轴心抗压强度,掺1.5%PVA的PVA-ECC和掺1.8%PVA的PVA-ECC的轴心抗压强度几乎是C40混凝土轴心抗压强度的2倍。掺1.8%PVA的PVA-ECC轴心抗压强度高于掺1.5%PVA的PVA-ECC,掺1.5%PVA+1.2%结晶材料的PVA-ECC轴心抗压强度高于掺1.5%PVA+0.5%膨胀剂的PVA-ECC,该规律与相应材料的立方体抗压强度结果一致。

表3.3-54 不同材料的轴心抗压强度值

测量指标	描述	尺寸 （mm×mm×mm）	加载速度 （MPa/s）	抗压强度 （MPa）	龄期 （d）	备注
轴心抗压强度	C40	150×150×300	0.5	32.0	28	—
	掺1.5%PVA	150×150×300	0.5	56.5	28	—
	掺1.8%PVA	150×150×300	0.5	59.2	28	—
	掺1.5%PVA+1.2%结晶材料	150×150×300	0.5	72.4	142	—
	掺1.8%PVA+0.5%膨胀剂	150×150×300	0.5	70.3	142	—

3.3.4 轴心抗拉强度测定

针对混凝土轴心抗拉强度的试验测试,《混凝土物理力学性能试验方法标准》(GB/T 50081—2019)给出几种混凝土抗拉强度试验的试件尺寸。进行PVA-ECC抗拉强度试验时,采用八字模试件(图3.3-9),试模尺寸为330mm×60mm×13mm。测试C40混凝土的抗拉强度时,采用100mm×100mm×500mm的混凝土试块,试块的具体形状与尺寸见图3.3-10。

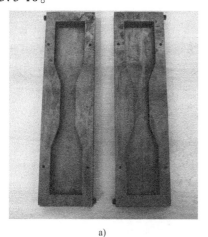
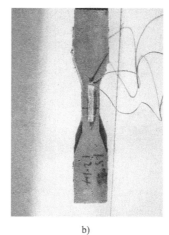
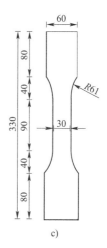

a)　　　　　　　　　　　　　b)　　　　　　　　　　　　　c)

图3.3-9 八字模试件(尺寸单位:mm)

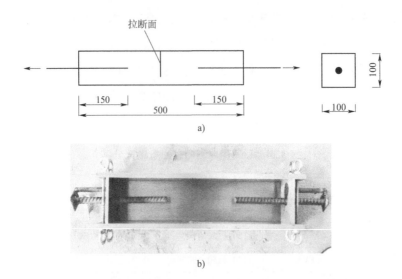

图 3.3-10 轴心抗拉强度试验的试块尺寸及模具(尺寸单位:mm)

针对 C40 混凝土棱柱体试块开展单轴轴心抗拉强度试验时,采用 0.02MPa/s 的加载速度,试验见图 3.3-11,试验结果见表 3.3-55。数据处理过程中,取三个值的平均值作为该组试件的强度值(精确到 0.01MPa);若三个值中的最大值或最小值中有一个与中间值的差值超过中间值的 15%,则把最大值和最小值一并舍去,取中间值;若最大值和最小值与中间值的差值均超过中间值的 15%,则该组试件无效。

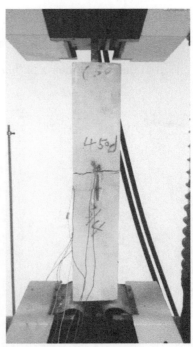

图 3.3-11 轴心抗拉强度试验

第 3 章 PVA-ECC 宏观力学特性的时变规律研究

表 3.3-55　C40 混凝土轴心抗拉强度

测量指标	描述	尺寸 (mm×mm×mm)	加载速度 (MPa/s)	抗拉强度 (MPa)	龄期 (d)	备注
轴心抗拉强度	C40	100×100×500	0.02	2.95	28	—
		100×100×500	0.02	2.98	28	—
		100×100×500	0.02	3.11	28	—
均值			—	3.01	—	

针对 1.5%PVA 掺量和 1.8%PVA 掺量的 PVA-ECC 的抗拉强度试验采用 0.4MPa/min 的加载速度,试验照片见图 3.3-12。PVA-ECC 的轴心抗拉强度试验数据见表 3.3-56、表 3.3-57。试验数据处理过程中,取三个值的平均值作为该组试件的强度值(精确到 0.01MPa);若三个值中最大值或最小值中有一个与中间值的差值超过中间值的 15%,则把最大值和最小值一并舍去,取中间值;若最大值和最小值与中间值的差值均超过中间值的 15%,则该组试验无效。

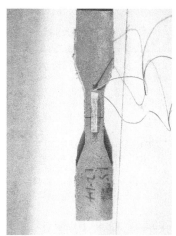

图 3.3-12　PVA-ECC 的轴心抗拉试验

表 3.3-56　掺 1.5%PVA 的 PVA-ECC 轴心抗拉强度

测量指标	描述	尺寸 (mm×mm×mm)	加载速度 (MPa/min)	抗拉强度 (MPa)	龄期 (d)	备注
轴心抗拉强度	掺 1.5%PVA	330×60×13	0.4	14.61	28	—
		330×60×13	0.4	14.57	28	—
		330×60×13	0.4	14.80	28	—
均值			—	14.66	—	

表 3.3-57　掺 1.8%PVA 的 PVA-ECC 轴心抗拉强度

测量指标	描述	尺寸 (mm×mm×mm)	加载速度 (MPa/min)	抗拉强度 (MPa)	龄期 (d)	备注
轴心抗拉强度	掺 1.8%PVA	330×60×13	0.4	14.91	28	—
		330×60×13	0.4	14.02	28	—
		330×60×13	0.4	13.01	28	—
均值			—	13.98	—	

为了分析不同强度材料的轴心抗拉强度规律,根据上述试验数据,将 C40 混凝土、掺 1.5%PVA 的 PVA-ECC、掺 1.8%PVA 的 PVA-ECC 的轴心抗拉强度汇总于表 3.3-58。由数据可知,纤维的掺加可显著增大材料的轴心抗拉强度,1.5%PVA 掺量的 PVA-ECC 和 1.8%PVA 掺量的 PVA-ECC 的轴心抗拉强度是 C40 混凝土轴心抗压强度的约 4.6 倍。1.8% PVA 掺量的 PVA-ECC 的轴心抗拉强度与 1.5%PVA 掺量的 PVA-ECC 的轴心抗拉强度相当。

表 3.3-58　不同材料的轴心抗拉强度值

测量指标	描述	尺寸 (mm×mm×mm)	加载速度 (MPa/s)	抗拉强度 (MPa)	龄期 (d)	备注
轴心抗拉强度	C40	100×100×500	0.020	3.01	28	—
	掺 1.5%PVA	330×60×13	0.007	14.66	28	—
	掺 1.8%PVA	330×60×13	0.007	13.98	28	—

3.3.5　劈裂抗拉强度测定

根据《混凝土物理力学性能试验方法标准》(GB/T 50081—2019)的规定,针对 C40 混凝土、掺 1.5%PVA 的 PVA-ECC、掺 1.8%PVA 的 PVA-ECC 混凝土立方体试块(尺寸为 150mm×150mm×150mm)开展单轴劈裂抗拉试验,试验工况为养护 28d 龄期。试验加载时采用 0.05MPa/s 的加载速度,试验照片见图 3.3-13,具体试验数据见表 3.3-59～表 3.3-61。数据处理过程中,确定混凝土强度时,取三个值的平均值作为该组试件的强度值(精确到 0.01MPa);若三个值中的最大值或最小值中有一个与中间值的差值超过中间值的 15%,则把最大值和最小值一并舍去,取中间值;若最大值和最小值与中间值的差值均超过中间值的 15%,则该组试件无效。

图 3.3-13　混凝土劈裂抗拉试验

表 3.3-59　C40 混凝土劈裂抗拉强度

测量指标	描述	尺寸 (mm×mm×mm)	加载速度 (MPa/s)	劈裂抗拉强度 (MPa)	龄期 (d)	备注
劈裂抗拉强度	C40	150×150×150	0.05	2.8	28	—
		150×150×150	0.05	4.1	28	无效
		150×150×150	0.05	2.6	28	—
均值			—	2.8	—	—

表 3.3-60　掺 1.5%PVA 的 PVA-ECC 劈裂抗拉强度

测量指标	描述	尺寸 (mm×mm×mm)	加载速度 (MPa/s)	劈裂抗拉强度 (MPa)	龄期 (d)	备注
劈裂抗拉强度	掺 1.5%PVA	150×150×150	0.05	6.4	28	—
		150×150×150	0.05	7.3	28	—
		150×150×150	0.05	6.5	28	—
均值			—	6.7	—	—

表 3.3-61　掺 1.8%PVA 的 PVA-ECC 劈裂抗拉强度

测量指标	描述	尺寸 (mm×mm×mm)	加载速度 (MPa/s)	劈裂抗拉强度 (MPa)	龄期 (d)	备注
劈裂抗拉强度	掺 1.8%PVA	150×150×150	0.05	6.3	28	—
		150×150×150	0.05	7.2	28	—
		150×150×150	0.05	6.7	28	—
均值			—	6.8	—	—

为了分析不同配合比的材料在28d龄期的强度时变规律,将C40混凝土、掺1.5%PVA的PVA-ECC、掺1.8%PVA的PVA-ECC在28d龄期时的劈裂抗拉强度汇总于表3.3-62,不同材料28d龄期时的劈裂抗拉强度对比见图3.3-14。由图可知,随着PVA掺量的增加,劈裂抗拉强度呈现上升的趋势;由具体试验数据可知,相比于C40混凝土,掺加PVA的混凝土在28d龄期时的劈裂抗拉强度明显增大,掺1.8%PVA的PVA-ECC比掺1.5%PVA的PVA-ECC劈裂抗拉强度增大了0.1MPa,增幅为1%。

表3.3-62 不同材料劈裂抗拉强度值

测量指标	描述	尺寸 (mm×mm×mm)	加载速度 (MPa/s)	劈裂抗拉强度 (MPa)	龄期 (d)	备注
劈裂抗拉强度	C40	150×150×150	0.05	2.8	28	—
	掺1.5%PVA	150×150×150	0.05	6.7	28	—
	掺1.8%PVA	150×150×150	0.05	6.8	28	—

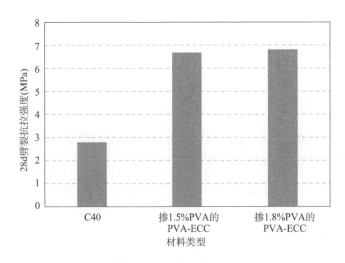

图3.3-14 不同材料28d龄期时的劈裂抗拉强度对比图

综上所述,通过对C40混凝土、掺1.5%PVA的PVA-ECC、掺1.8%PVA的PVA-ECC的试验可知,掺加PVA可以明显提高28d龄期时的劈裂抗拉强度。虽然增加纤维掺量会进一步提高混凝土的劈裂抗拉强度,但从1.5%增大到1.8%,提升效果并不十分明显。

3.3.6 抗折强度测定

根据《混凝土物理力学性能试验方法标准》(GB/T 50081—2019)的规定,针对C40混凝土、掺1.5%PVA的PVA-ECC、掺1.8%PVA的PVA-ECC试块(150mm×150mm×550mm)开展混凝土抗折强度试验。对试块养护28d后进行试验,采用0.5MPa/s的加载速度。试验照片见图3.3-15,具体试验数据见表3.3-63~表3.3-65。数据处理过程中,确定材料强度时,取三个值的平均值作为该组试件的强度值(数据精确到0.1MPa);若三个值中的最大值或最小值中有一个与中间值的差值超过中间值的15%,则把最大值和最小值一并舍去,取中间值;若最大值和最小值与中间值的差值均超过中间值的15%,则该组试件无效。并且,三个试件中若有一个试件的折断面位于两个集中荷载之外,则该试件的混凝土抗折强度值按另两个试件的试验结果计;若这两个测值的差值不大于这两个测值的较小值的15%时,则该组试件的抗折强度值按这两个测值的平均值计算,否则该组试件无效。若有两个试件的下边缘断裂位置位于两个集中荷载作用线之外,则该组试件无效。

图3.3-15　PVA-ECC的抗折强度试验

表3.3-63　C40混凝土抗折强度

测量指标	描述	尺寸 (mm×mm×mm)	加载速度 (MPa/s)	抗折强度 (MPa)	龄期 (d)	备注
抗折强度	C40	150×150×550	0.5	5.7	28	—
		150×150×550	0.5	5.5	28	—
		150×150×550	0.5	4.7	28	—
均值			—	5.3		

表3.3-64　掺1.5%PVA的PVA-ECC抗折强度

测量指标	描述	尺寸 (mm×mm×mm)	加载速度 (MPa/s)	抗折强度 (MPa)	龄期 (d)	备注
抗折强度	掺1.5%PVA	150×150×550	0.5	9.3	28	—
		150×150×550	0.5	9.5	28	—
		150×150×550	0.5	9.8	28	—
均值			—	9.5		

表 3.3-65 掺 1.8%PVA 的 PVA-ECC 抗折强度

测量指标	描述	尺寸 （mm×mm×mm）	加载速度 （MPa/s）	抗折强度 （MPa）	龄期 （d）	备注
抗折强度	掺 1.8%PVA	150×150×550	0.5	13.1	28	—
		150×150×550	0.5	12.6	28	—
		150×150×550	0.5	12.5	28	—
	均值		—	12.7	—	—

为了分析不同强度等级的混凝土在 28d 龄期的强度时变规律，将 C40 混凝土、掺 1.5% PVA 的 PVA-ECC、掺 1.8% PVA 的 PVA-ECC 在 28d 龄期时的抗折强度汇总于表 3.3-66，不同材料 28d 龄期时的抗折强度对比见图 3.3-16。由图 3.3-16 可知，随着 PVA 掺量的增加，抗折强度呈现上升的趋势；由具体试验数据可知，与 C40 混凝土相比，掺加 PVA 的混凝土在 28d 龄期时的抗折强度明显增大；掺 1.8%PVA 的 PVA-ECC 比掺 1.5%PVA 的 PVA-ECC 强度增大了 3.2MPa，28d 龄期时的抗折强度增幅为 34%。

表 3.3-66 不同材料 28d 龄期时的抗折强度

测量指标	描述	尺寸 （mm×mm×mm）	加载速度 （MPa/s）	抗折强度 （MPa）	龄期 （d）	备注
抗折强度	C40	150×150×550	0.5	5.3	28	—
	掺 1.5%PVA	150×150×550	0.5	9.5	28	—
	掺 1.8%PVA	150×150×550	0.5	12.7	28	—

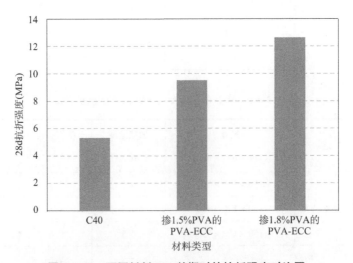

图 3.3-16 不同材料 28d 龄期时的抗折强度对比图

综上所述,通过对 C40 混凝土、掺 1.5% PVA 的 PVA-ECC、掺 1.8% PVA 的 PVA-ECC 的 28d 龄期抗折强度试验可知,掺加 PVA 可以大幅提高材料在 28d 龄期时的抗折强度,并且随着纤维掺量的增加,强度也会明显提高。

3.4 小　　结

PVA-ECC 的宏观力学性能对其在港口工程结构加固修复中的应用至关重要。为了开展 PVA-ECC 宏观力学特性规律研究,设计了 C40 混凝土、掺 1.5% PVA 的 PVA-ECC、掺 1.8% PVA 的 PVA-ECC、掺 1.5% PVA+1.2% 结晶材料的 PVA-ECC、掺 1.5% PVA+0.5% 膨胀剂的 PVA-ECC 共五种不同的材料,开展了单轴立方体抗压强度试验、轴心抗压强度试验、轴心抗拉强度试验、劈裂抗拉强度试验、抗折强度试验等混凝土宏观力学性能试验,具体试验结论如下:

①根据五种材料的立方体抗压强度试验可知,PVA 的添加可显著增大 PVA-ECC 的强度。随着龄期的增加,单轴立方体(150mm×150mm×150mm)抗压强度呈现逐渐上升的趋势;其中,掺 1.8% PVA 的 PVA-ECC 强度高于掺 1.5% PVA 的 PVA-ECC,掺 1.5% PVA 的 PVA-ECC 强度高于掺 1.5% +1.2% 结晶材料的 PVA-ECC,掺 1.5% PVA+1.2% 结晶材料的 PVA-ECC 强度高于掺 1.5% PVA+0.5% 膨胀剂的 PVA-ECC,并且以上材料强度均高于 C40 混凝土。由数据可知,1.8% PVA 掺量的 PVA-ECC 在 180d 龄期后的立方体抗压强度达到 76.1MPa,强度非常高。

②从材料角度分类,PVA-ECC 属于砂浆,不含粗集料。因此,针对掺 1.5% PVA 的 PVA-ECC、掺 1.8% PVA 的 PVA-ECC、掺 1.5% PVA+1.2% 结晶材料的 PVA-ECC、掺 1.5% PVA+0.5% 膨胀剂的 PVA-ECC 共四种材料,采用 70.7mm×70.7mm×70.7mm 尺寸的立方体试块开展抗压强度试验。由试验结果可知,随着养护龄期的增加以及掺入纤维量的增多,砂浆的强度逐渐上升。四种配合比相比较,掺 1.8% PVA 的 PVA-ECC、掺 1.5% PVA 的 PVA-ECC、掺 1.5% PVA+1.2% 结晶材料的 PVA-ECC、掺 1.5% PVA+0.5% 膨胀剂的 PVA-ECC 的强度依次增大;并且,渗透结晶材料会增大砂浆的后期强度,增幅为 16%,掺加膨胀剂虽然会使砂浆的早期强度降低 8%,但会提高后期强度增长速度。通过数据对比分析可知,采用 70.7mm×70.7mm×70.7mm 的立方体试块获取的强度明显大于以 150mm×150mm×150mm 试块获取的强度。因此,在进行 PVA-ECC 立方体抗压强度试验时,应根据实际需求选择试块尺寸。

③根据不同材料的轴心抗压强度试验可知,纤维的掺加可显著增强材料的轴心抗压强度,掺 1.5% PVA 的 PVA-ECC 和掺 1.8% PVA 的 PVA-ECC 的轴心抗压强度几乎是 C40 混凝

土轴心抗压强度的 2 倍。掺 1.8% PVA 的 PVA-ECC 轴心抗压强度高于掺 1.5% PVA 的 PVA-ECC,掺 1.5% PVA + 1.2% 结晶材料的 PVA-ECC 强度高于掺 1.5% PVA + 0.5% 膨胀剂的 PVA-ECC,该规律与相应材料的立方体抗压强度一致。

④根据不同材料的轴心抗拉强度试验可知,纤维的掺加可显著增大材料的轴心抗拉强度,掺 1.5% PVA 的 PVA-ECC 和掺 1.8% PVA 的 PVA-ECC 的轴心抗拉强度几乎是 C40 混凝土轴心抗压强度的 4.6 倍。掺 1.8% PVA 的 PVA-ECC 轴心抗压强度与掺 1.5% PVA 的 PVA-ECC 轴心抗拉强度相当。

⑤根据不同材料的劈裂抗拉强度试验可知,随着 PVA 掺料的增加,劈裂抗拉强度呈现上升的趋势;相比于 C40 混凝土,掺加 PVA 的混凝土在 28d 龄期时的劈裂抗拉强度明显增大,掺 1.8% PVA 的 PVA-ECC 比掺 1.5% PVA 的 PVA-ECC 劈裂抗拉强度增大了 0.1MPa,增幅为 1%。从试验数据看,增加纤维掺量会进一步提高混凝土的劈裂抗拉强度,但从掺量从 1.5% 增加到 1.8%,强度提升效果并不十分明显。

⑥根据不同材料的抗折强度试验可知,随着 PVA 掺料的增加,抗折强度呈现上升的趋势;与 C40 混凝土相比,PVA-ECC 在 28d 龄期时的抗折强度明显较高;掺 1.8% PVA 的 PVA-ECC 比掺 1.5% PVA 的 PVA-ECC 强度增大了 3.2MPa,28d 龄期时的抗折强度增幅为 34%。因此,掺加 PVA 可以大幅提高 PVA-ECC 在 28d 龄期时的抗折强度,并且随着纤维掺量的增加,抗折强度也会明显提高。

⑦获得了 1.5% PVA 掺量和 1.8% PVA 掺量的两种 PVA-ECC 在 3~180d 龄期的立方体抗压强度时变曲线,拟合得到了考虑 PVA 掺量变化的改性 PVA-ECC 的立方体抗压强度时变规律公式。

第4章 PVA-ECC的收缩性时变规律研究

4.1 引　言

前期研究表明：PVA-ECC具有多缝开裂特性及自愈合能力，在提高混凝土耐久性及承载力方面具有明显优势。但试验结果表明，PVA-ECC与普通混凝土的固化收缩率存在差异，导致两种材料的交界面易出现顺筋开裂，致使加固效果变差。为改善PVA-ECC的收缩性问题，本章拟基于室内试验手段，开展PVA-ECC与普通混凝土收缩差异性对比试验，基于试验结果获取两种材料的收缩性差异规律，由此提出PVA-ECC的收缩性改性方法；基于收缩性对比试验，验证掺加膨胀剂对改善PVA-ECC收缩性的效果并进一步改进。

4.2 试件制备

为了开展PVA-ECC的收缩特性研究，拟采用C40混凝土与不同配比的PVA-ECC进行收缩对比试验，获取PVA-ECC收缩特性规律及其与普通混凝土收缩特性的区别，以此评价PVA-ECC在混凝土结构加固修复方面的适用性。

为开展不同材料的收缩性能试验，按照《普通混凝土长期性能和耐久性能试验方法标准》(GB/T 50082—2009)的要求，制作了100mm×100mm×515mm的收缩性试验试块，试模及试块如图4.2-1所示。试验对象为掺1.5% PVA的PVA-ECC、掺1.8% PVA的PVA-ECC、掺1.5% PVA+1.2%结晶材料的PVA-ECC、掺1.5% PVA+0.5%膨胀剂的PVA-ECC及C40混凝土共5种不同材料。在龄期分别为1d、3d、7d、14d、28d、90d、120d、150d、180d(从浇筑后3d算起)时开展收缩测试试验。

图4.2-1　试模、试块

试验的材料配合比及试件制备过程与前一章相同,具体见第2章的相关内容。

4.3 材料收缩性能的试验研究

4.3.1 基于接触法的收缩试验方法

按照《普通混凝土长期性能和耐久性能试验方法标准》(GB/T 50082—2009)的规定,材料收缩性能试验分为非接触法和接触法两种。本研究采用接触法进行试验。

接触法试验可采用卧式混凝土收缩仪。该收缩仪的测量标距应为540mm,并应装有精度为±0.001mm的千分表或测微器。试验步骤按照下列要求进行:

①收缩试验应在恒温恒湿环境中进行,室温应保持在20℃±2℃,相对湿度应保持在60%±5%。试件应放置在不吸水的搁架上,底面应架空,每个试件之间的间隙应大于30mm。

②测定代表某一混凝土收缩性能的特征值时,试件应在3d龄期时(从混凝土搅拌加水时算起)从标准养护室取出,并应立即移入恒温恒湿室测定其初始长度,此后应至少按下列规定的时间间隔测量其变形读数:1d、3d、7d、14d、28d、45d、60d、90d、120d、150d、180d(从移入恒温恒湿室内开始计时)。

③测定混凝土在某一具体条件下的相对收缩值(包括徐变试验时的混凝土收缩变形测定)时应按要求的条件进行试验。对非标准养护试件,当需要移入恒温恒湿室进行试验时,应先在该室内预置4h,再测其初始值。测量时应记下试件的初始干湿状态。

④收缩测量前应先用标准杆校正仪表的零点,并应在测定过程中复核1~2次,其中一次应在全部试件测读完后进行。当复核发现零点与原值的偏差超过±0.001mm时,应调零后重新测量。

⑤试件每次在卧式收缩仪上放置的位置和方向均应保持一致。试件上应标明相应的方向记号。在放置及取出试件时应轻稳、仔细,不得碰撞表架及表杆。当发生碰撞时,应取下试件,并重新用标准杆复核零点。

混凝土收缩试验结果计算和处理应符合以下规定:
①混凝土收缩率应按下式计算:

$$\varepsilon_{st} = \frac{L_0 - L_t}{L_b} \tag{4.3-1}$$

式中:ε_{st}——试验期为$t(d)$时的混凝土收缩率,t从测定初始长度时算起;

L_0——试件长度的初始读数(mm);

L_t——试件在试验期为 t(d)时测得的长度读数(mm);

L_b——试件的测量标距,用混凝土收缩仪测量时应等于两测头内侧的距离,即等于混凝土试件长度(不计测头突出部分)减去两个测头埋入深度之和(mm)。

②每组应取 3 个试件收缩率的算术平均值作为该组混凝土试件的收缩率测定值,计算精确至 1.0×10^{-6}。

③作为对照的混凝土收缩率值应为不密封试件于 180d 所测得的收缩率值。可将不密封试件于 360d 所测得的收缩率值作为该混凝土的终极收缩率值。

针对砂浆的收缩性能试验依据《建筑砂浆基本性能试验方法》(JGJ/T 70—2009)执行。试验仪器采用立式砂浆收缩仪。标准杆长度为 176mm ± 1mm,测量精度为 0.01mm;收缩头用黄铜或不锈钢加工而成;试模为 40mm × 40mm × 160mm 的棱柱体,且在试模的两个端面中心各开一个 ϕ6.5mm 的孔洞。

砂浆收缩试验的步骤如下:

①将收缩头固定在试模两端面的孔洞中,使收缩头露出试件端面 8mm ± 1mm。

②将拌和好的砂浆装入试模中,振动密实,置于 20℃ ± 5℃ 的预养室中。4h 之后将砂浆表面抹平,砂浆带模在标准养护条件(温度为 20℃ ± 2℃,相对湿度为 90% 以上)下养护。7d 后拆模,编号,标明测试方向。

③将试件移入温度为 20℃ ± 2℃、相对湿度为 60% ± 5% 的测试室中预置 4h,测定试件的初始长度。测定前,用标准杆调整收缩仪的百分表的原点,然后按标明的测试方向立即测定试件的初始长度。

④测定砂浆试件初始长度后,置于温度为 20℃ ± 2℃、相对湿度为 60% ± 5% 的室内,到第 7d、14d、21d、28d、56d、90d 分别测定试件的长度,即为自然干燥后长度。

砂浆自然干燥收缩值应按下式计算:

$$\varepsilon_{at} = \frac{L_0 - L_t}{L - L_d} \tag{4.3-2}$$

式中:ε_{at}——t 时(7d、14d、21d、28d、56d、90d)的自然干燥收缩值;

L_0——试件成型后 7d 的长度,即初始长度(mm);

L_t——t 时(7d、14d、21d、28d、56d、90d)试件的实测长度(mm);

L——试件的长度,取 160mm;

L_d——两个收缩头埋入砂浆中的长度之和,即 20mm ± 2mm。

试验结果按照如下原则评定:

①干燥收缩值取三个试件测值的算术平均值。如一个值与平均值偏差大于 20%,应剔

除;若有两个值与平均值的偏差超过平均值的20%,则该组试件无效。

②每块试件的干燥收缩值取2位有效数字。

4.3.2 试验数据与分析

采用尺寸为100mm×100mm×515mm的试件,按照上述试验方法,对掺1.5% PVA的PVA-ECC、掺1.8% PVA的PVA-ECC、掺1.5% PVA+1.2%结晶材料的PVA-ECC、掺1.5% PVA+0.5%膨胀剂的PVA-ECC、C40混凝土共5种材料开展了收缩试验,获取了不同时间的材料收缩值。现场试验见图4.3-1,试验数据汇总于表4.3-1~表4.3-5。

图4.3-1 混凝土试件收缩试验

表4.3-1 掺1.5%PVA的PVA-ECC试件收缩的时变规律

测量指标	描述	试块尺寸 (mm×mm×mm)	收缩率 (×10^{-6})	时间间隔 (d)	备注
收缩率	掺1.5%PVA	100×100×515	134	1	—
		100×100×515	228	3	—
		100×100×515	540	7	—
		100×100×515	491	14	—
		100×100×515	751	28	—
		100×100×515	760	87	—
		100×100×515	755	90	—
		100×100×515	762	120	—
		100×100×515	772	150	—
		100×100×515	777	180	—

表 4.3-2　掺 1.8%PVA 的 PVA-ECC 试件收缩的时变规律

测量指标	描述	试块尺寸 (mm×mm×mm)	收缩率 ($\times 10^{-6}$)	时间间隔 (d)	备注
收缩率	掺 1.8%PVA	100×100×515	92	1	—
		100×100×515	267	3	—
		100×100×515	442	7	—
		100×100×515	936	14	—
		100×100×515	844	28	—
		100×100×515	728	84	—
		100×100×515	813	90	—
		100×100×515	865	120	—
		100×100×515	894	150	—
		100×100×515	898	180	—

表 4.3-3　掺 1.5%PVA+1.2%结晶材料的 PVA-ECC 试件收缩的时变规律

测量指标	描述	试块尺寸 (mm×mm×mm)	收缩率 ($\times 10^{-6}$)	时间间隔 (d)	备注
收缩率	掺 1.5%PVA+1.2%结晶材料	100×100×515	390	1	—
		100×100×515	-42	3	—
		100×100×515	405	7	—
		100×100×515	471	14	—
		100×100×515	328	28	—
		100×100×515	401	81	—
		100×100×515	404	90	—
		100×100×515	403	120	—
		100×100×515	419	150	—
		100×100×515	477	180	—

表 4.3-4　掺 1.5%PVA+0.5%膨胀剂的 PVA-ECC 试件收缩的时变规律

测量指标	描述	试块尺寸 (mm×mm×mm)	收缩率 ($\times 10^{-6}$)	时间间隔 (d)	备注
收缩率	掺 1.5%PVA+0.5%膨胀剂	100×100×515	404	1	—
		100×100×515	555	3	—
		100×100×515	877	7	—
		100×100×515	995	14	—

续上表

测量指标	描述	试块尺寸 （mm×mm×mm）	收缩率 （×10⁻⁶）	时间间隔 （d）	备注
收缩率	掺 1.5% PVA + 0.5% 膨胀剂	100×100×515	928	28	—
		100×100×515	929	81	—
		100×100×515	931	90	—
		100×100×515	940	120	—
		100×100×515	945	150	—
		100×100×515	957	180	—

表 4.3-5　C40 混凝土试件收缩的时变规律

测量指标	描述	试块尺寸 （mm×mm×mm）	收缩率 （×10⁻⁶）	时间间隔 （d）	备注
收缩率	C40 混凝土	100×100×515	51	1	—
		100×100×515	382	3	—
		100×100×515	376	7	—
		100×100×515	532	14	—
		100×100×515	466	28	—
		100×100×515	560	81	—
		100×100×515	626	90	—
		100×100×515	629	120	—
		100×100×515	667	150	—
		100×100×515	630	180	—

为了分析不同材料收缩特性规律，根据上述试验数据，将 C40 混凝土、掺 1.5% PVA 的 PVA-ECC、掺 1.8% PVA 的 PVA-ECC、掺 1.5% PVA + 1.2% 结晶材料的 PVA-ECC、掺 1.5% PVA + 0.5% 膨胀剂的 PVA-ECC 的收缩规律（采用 100mm×100mm×515mm 的试块）曲线汇总于图 4.3-2。由图 4.3-2 可知，随着时间的增加，材料的收缩率变化趋于平缓，从 28d（龄期 31d）至 180d（龄期 183d）曲线变化平缓；与 C40 混凝土相比，掺 1.5% PVA + 1.2% 结晶材料的 PVA-ECC 的收缩率最小，掺 1.5% PVA + 0.5% 膨胀剂的 PVA-ECC 的收缩率最大，掺 1.5% PVA 的 PVA-ECC 和掺 1.5% PVA + 1.2% 结晶材料的 PVA-ECC 的收缩率与 C40 混凝土的收缩率接近。因此，在进行结构加固时，宜优先选用掺 1.5% PVA 的 PVA-ECC 和掺 1.5% PVA + 1.2% 结晶材料的 PVA-ECC。

第4章 PVA-ECC 的收缩性时变规律研究

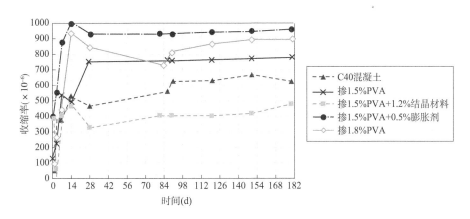

图 4.3-2 不同材料的收缩规律

采用尺寸为 40mm×40mm×160mm 的试件，按照上述试验方法，对掺 1.5% PVA 的 PVA-ECC、掺 1.8% PVA 的 PVA-ECC、掺 1.5% PVA+1.2% 结晶材料的 PVA-ECC 及掺 1.5% PVA+0.5% 膨胀剂的 PVA-ECC 共 4 种材料开展了收缩试验，获取了不同时间的材料收缩值。现场试验见图 4.3-3，试验数据汇总于表 4.3-6～表 4.3-9。

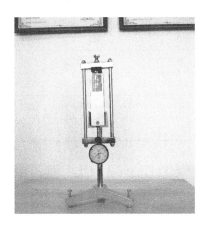 

图 4.3-3 砂浆试件收缩试验

表 4.3-6 掺 1.5%PVA 的 PVA-ECC 试件收缩的时变规律

测量指标	描述	试块尺寸 （mm×mm×mm）	收缩率 （×10⁻⁶）	时间间隔 (d)	备注
收缩率	掺 1.5% PVA	40×40×160	-180	1	—
		40×40×160	120	3	—
		40×40×160	190	7	—
		40×40×160	150	14	—
		40×40×160	220	28	—
		40×40×160	210	90	—

续上表

测量指标	描述	试块尺寸 (mm×mm×mm)	收缩率 ($\times 10^{-6}$)	时间间隔 (d)	备注
收缩率	掺1.5%PVA	40×40×160	210	120	—
		40×40×160	220	150	—
		40×40×160	230	180	—

表4.3-7 掺1.8%PVA的PVA-ECC试件收缩的时变规律

测量指标	描述	试块尺寸 (mm×mm×mm)	收缩率 ($\times 10^{-6}$)	时间间隔 (d)	备注
收缩率	掺1.8%PVA	40×40×160	−760	1	—
		40×40×160	−390	3	—
		40×40×160	−220	7	—
		40×40×160	300	14	—
		40×40×160	130	28	—
		40×40×160	140	84	—
		40×40×160	190	90	—
		40×40×160	230	120	—
		40×40×160	300	150	—
		40×40×160	330	180	—

表4.3-8 掺1.5%PVA+1.2%结晶材料的PVA-ECC试件收缩的时变规律

测量指标	描述	试块尺寸 (mm×mm×mm)	收缩率 ($\times 10^{-6}$)	时间间隔 (d)	备注
收缩率	掺1.5%PVA+ 1.2%结晶材料	40×40×160	−510	1	—
		40×40×160	−240	3	—
		40×40×160	570	7	—
		40×40×160	650	14	—
		40×40×160	700	28	—
		40×40×160	780	81	—
		40×40×160	800	90	—
		40×40×160	770	120	—
		40×40×160	820	150	—
		40×40×160	830	180	—

第4章 PVA-ECC 的收缩性时变规律研究

表 4.3-9　掺 1.5%PVA+0.5%膨胀剂的 PVA-ECC 试件收缩的时变规律

测量指标	描述	试块尺寸 （mm×mm×mm）	收缩率 （×10⁻⁶）	时间间隔 （d）	备注
收缩率	掺 1.5%PVA+ 0.5%膨胀剂	40×40×160	40	1	—
		40×40×160	190	3	—
		40×40×160	590	7	—
		40×40×160	850	14	—
		40×40×160	560	28	—
		40×40×160	670	81	—
		40×40×160	450	90	—
		40×40×160	570	120	—
		40×40×160	660	150	—
		40×40×160	650	180	—

为了分析不同材料收缩特性规律，根据上述试验数据，将掺 1.5% PVA 的 PVA-ECC、掺 1.8% PVA 的 PVA-ECC、掺 1.5% PVA+1.2% 结晶材料的 PVA-ECC、掺 1.5% PVA+0.5% 膨胀剂的 PVA-ECC 的收缩规律(采用 40mm×40mm×160mm 的试块)曲线汇总于图 4.3-4，同时将 C40 混凝土的收缩规律曲线(采用 100mm×100mm×515mm 的试块)也绘于图中。由图 4.3-4 可知，随着时间的增加，材料的收缩率变化趋于平缓，从 28d(龄期 31d)至 180d(龄期 183d)曲线变化平缓；与 C40 混凝土相比，掺 1.8% PVA 的 PVA-ECC 的收缩率最小，掺 1.5% PVA+1.2% 结晶材料的 PVA-ECC 的收缩率最大，与前述基于 100mm×100mm×515mm 试块的试验方法得到的结论矛盾。因此，此种方法的结果不宜采用。

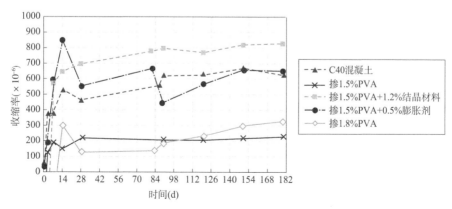

图 4.3-4　不同材料的收缩规律

4.4 小　　结

本章对掺 1.5% PVA 的 PVA-ECC、掺 1.8% PVA 的 PVA-ECC、掺 1.5% PVA +1.2%结晶材料的 PVA-ECC、掺 1.5% PVA +0.5%膨胀剂的 PVA-ECC 及 C40 混凝土共 5 种不同材料的收缩性能进行了试验研究，通过对试验数据进行对比分析，得到的具体结论如下：

①采用 100mm×100mm×515mm 试块，对 C40 混凝土、掺 1.5% PVA 的 PVA-ECC、掺 1.8% PVA 的 PVA-ECC、掺 1.5% PVA +1.2%结晶材料的 PVA-ECC、掺 1.5% PVA +0.5%膨胀剂的 PVA-ECC 的收缩特性进行试验研究。试验结果表明，随着时间的增加，材料的收缩率变化趋于平缓，从 28d(龄期 31d)至 180d(龄期 183d)曲线变化平缓；与 C40 混凝土相比，掺 1.5% PVA +1.2%结晶材料的 PVA-ECC 的收缩率最小，掺 1.5% PVA +0.5%膨胀剂的 PVA-ECC 的收缩率最大，掺 1.5% PVA 的 PVA-ECC 和掺 1.5% PVA +1.2%结晶材料的 PVA-ECC 的收缩率与 C40 混凝土的收缩率最为接近。因此，在进行结构加固时，宜优先选用掺 1.5% PVA 的 PVA-ECC 和掺 1.5% PVA +1.2%结晶材料的 PVA-ECC。

②采用 40mm×40mm×160mm 试块，对 C40 混凝土、掺 1.5% PVA 的 PVA-ECC、掺 1.8% PVA 的 PVA-ECC、掺 1.5% PVA +1.2%结晶材料的 PVA-ECC、掺 1.5% PVA +0.5%膨胀剂的 PVA-ECC 的收缩特性进行试验研究。试验结果表明，随着时间的增加，材料的收缩率变化趋于平缓，从 28d(龄期 31d)至 180d(龄期 183d)曲线变化平缓；与 C40 混凝土相比，掺 1.8% PVA 的 PVA-ECC 的收缩率最小，掺 1.5% PVA +1.2%结晶材料的 PVA-ECC 的收缩率最大，与前述基于 100mm×100mm×515mm 试块的试验得到的结论矛盾。因此，此种方法的结果不宜采用。

第5章 基于夹杂理论的 PVA-ECC 宏观力学特性细观数值方法研究

5.1 引言

混凝土材料在水工建筑物和土木工程领域中有着广泛的应用。目前,混凝土材料的力学性能研究以宏观力学性能为主,但是材料力学试验和实际工程经验表明,混凝土的细观力学性能是决定其力学性能的根本原因。因此,对混凝土细观力学性能的研究十分必要。Shimomura 等[52]从微观的角度研究干缩应力,建立了混凝土微观力学模型,通过模拟混凝土孔隙水力学和热动力学特性来研究干缩变形的时空变化规律。朱岳明[53]等将混凝土视为砂浆和集料所组成的多相复合材料,对比数值计算,探讨了各相材料湿度特性差异对混凝土细观和宏观湿度特性、干缩变形与干缩应力的影响。在建立纤维增强混凝土细观模型时,可以将其看作是集料、纤维作为夹杂物夹杂在水泥砂浆中[54];有学者将其简化为由混凝土基质和纤维掺杂物组成,并取得了一定成果[55]。Eshelby 夹杂理论[56]是研究细观力学的基础方法,目前的细观力学性能预测方法都是基于 Eshelby 夹杂理论发展起来的,如自洽法[57]、广义自洽法[58]、Mori-Tanaka 法[59-60]等。

5.2 基本理论和方法

5.2.1 Eshelby 夹杂理论

1957 年,Eshelby 提出了整个系统在无穷远处边界受均匀应力边界条件。他证明了当夹杂本征应变 ε^* 为常数时,椭球形夹杂内产生的应变 ε_{in} 是均匀的,且可以表示为:

$$\varepsilon_{in} = S^E : \varepsilon^* \tag{5.2-1}$$

式中:ε^*——本征应变,泛指除去周围约束时不会产生应力的应变[61],例如热应变、塑性应变以及材料的相变应变等;

S^E——Eshelby 张量,是四阶对称张量,满足 $S^E_{ijkl} = S^E_{jikl} = S^E_{ijlk}$。

如图 5.2-1 所示,当模量为 C_0 的无限大均匀介质中有一模量为 C_r 的椭球形夹杂物,受到远场均匀宏观外载荷 $\bar{\varepsilon}$ 或 $\bar{\sigma}(\bar{\sigma}=C_0:\bar{\varepsilon})$ 作用时，利用 Eshelby 夹杂理论，假想夹杂物产生相变，成为与基体相同的材料，相变所需的本征应变为 ε^*，进而利用叠加原理及夹杂和基体的本构关系，得到夹杂内部的平均应变 $\langle\varepsilon\rangle_r$ 和平均应力 $\langle\sigma\rangle_r$ 与远场均匀外载荷的关系分别为：

$$\langle\varepsilon\rangle_r = [I + S_r^E : C_0^{-1} : (C_r - C_0)]^{-1} : \bar{\varepsilon} \qquad (5.2\text{-}2)$$

$$\langle\sigma\rangle_r = C_r : [C_0 + C_0 : S_r^E : C_0^{-1}(C_r - C_0)]^{-1} : \bar{\sigma} \qquad (5.2\text{-}3)$$

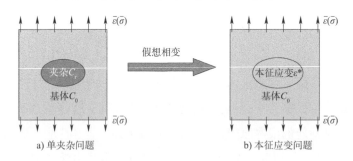

图 5.2-1　Eshelby 夹杂理论示意图

多夹杂问题可分解为多个单夹杂问题进行求解。若单夹杂的局部坐标系与宏观坐标系不一致，在求代表单元的平均物理量时可将局部坐标系下得到的物理量之间的关系转换到统一的宏观坐标系下。对于第 r 相夹杂，引入应变集中因子 A_r 和应力集中因子 B_r，则其平均应变 $\langle\varepsilon\rangle_r$、平均应力 $\langle\sigma\rangle_r$ 与复合材料宏观应变 $\bar{\varepsilon}$、宏观应力 $\bar{\sigma}$ 之间的关系可由 A_r 和 B_r 表示为：

$$\langle\varepsilon\rangle_r = A_r : \bar{\varepsilon} \qquad (5.2\text{-}4)$$

$$\langle\sigma\rangle_r = B_r : \bar{\sigma} \qquad (5.2\text{-}5)$$

对比式(5.2-2)～式(5.2-3)和式(5.2-4)～式(5.2-5)可以看出，Eshelby 夹杂理论给出了单夹杂问题的应变集中因子 A_r 和应力集中因子 B_r。进一步地，复合材料的等效刚度张量 $\bar{C}$ 和等效柔度张量 $\bar{S}$ 可以表示为：

$$\bar{C} = C_0 + \sum_{R=1}^{N-1} c_r (C_r - C_0) : A_r \qquad (5.2\text{-}6)$$

$$\bar{S} = S_0 + \sum_{R=1}^{N-1} c_r (S_r - S_0) : B_r \qquad (5.2\text{-}7)$$

式中：c_r——第 r 相的体积分数；

C_r, S_r——分别表示第 r 相的刚度系数和柔度系数；

C_0, S_0——分别为基体的刚度系数、柔度系数。

其中，应变集中因子 A_r 或应力集中因子 B_r 可以在不同的近似条件下利用 Eshelby 对单夹杂问题的解求得，由此得到了不同的近似方法。

相对于单夹杂问题,多夹杂问题需要考虑夹杂之间的相互作用,主要通过两种思想来实现:一是改变"基体"(等效介质)的模量,例如自洽法、广义自洽法;二是改变远场载荷,例如Mori-Tanaka 方法。几种比较有代表性的近似方法的主要思路如图 5.2-2 所示。

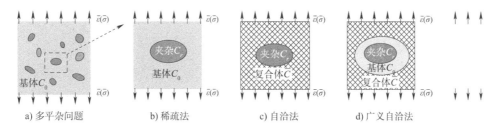

a) 多平杂问题　　b) 稀疏法　　c) 自洽法　　d) 广义自洽法

图 5.2-2　基于夹杂理论的各种近似方法的示意图

值得注意的是,A_r取决于不同的平均场方法。其中,Taylor 法计算方便,但无法考虑夹杂相互作用,只适用于夹杂物较少的情况;自洽法形式简单,但是其考虑的夹杂物刚度过大,不符合实际情况,故可应用性不强;相互作用直推(IDD)法可以考虑夹杂间的空间分布,但计算较为复杂;Mori-Tanaka 法采用背应力概念考虑夹杂相互作用,该方法具有物理概念清晰、可通过逐次迭代来提高精度、针对非圆形夹杂利用正交化可考虑夹杂各向异性等多方面的优越性,受到广泛关注。Mori-Tanaka 法还被进一步拓展,用于研究复合材料的细观损伤机理,例如赵颖华以 Eshelby 夹杂理论和 Mori-Tanaka 法为基础,针对不同的细观损伤模式,建立了复合材料损伤弹性和弹塑性力学理论。复合材料损伤理论的不断发展,为其他非均质材料的研究提供了有益的借鉴与启示。

5.2.2　Mori-Tanaka 法

自洽法和广义自洽法都通过改变基体的刚度系数来考虑夹杂的影响,基质远场的荷载仍是外部施加的应变 $\bar{\varepsilon}$ 或应力 $\bar{\sigma}$。而 Mori-Tanaka 法则通过改变远场荷载来考虑夹杂与基体之间的相互扰动。Mori-Tanaka 法考虑夹杂仍旧嵌于无限大基体材料之中,但基体的远场应变不再是外部施加的应变 $\bar{\varepsilon}$ 或应力 $\bar{\sigma}$,而是基体的平均应变 $\langle\varepsilon\rangle_0$ 或平均应力 $\langle\sigma\rangle_0 = C_0 : \langle\varepsilon\rangle_0$,通过外载荷的改变可以合理地反映夹杂与基体之间的相互作用。将式(5.2-2)中的 $\bar{\varepsilon}$ 改为 $\langle\varepsilon\rangle_0$,代入式(5.2-4)和式(5.2-6)便可求得复合材料的等效刚度 $\bar{C}$[61]:

$$\bar{C} = C_0 + \sum_{r=1}^{N-1} c_r (C_r - C_0) : T_r : \left(c_0 I + \sum_{r=1}^{N-1} c_r T_r \right)^{-1} \tag{5.2-8}$$

式中,$T_r = [I + S_r^E : C_0^{-1} : (C_r - C_0)]^{-1}$。

对于球形颗粒增强的两相各向同性复合材料,可以得到等效体积模量 $\bar{K}$ 和等效剪切模量 $\bar{G}$ 分别为:

$$\overline{K} = K_0 + \frac{c_1(4G_0 + 3K_0)(K_1 - K_0)}{(4G_0 + 3K_0) + 3(1-c_1)(K_1 - K_0)} \quad (5.2\text{-}9)$$

$$\overline{G} = G_0 + \frac{5c_1 G_0(4G_0 + 3K_0)(G_1 - G_0)}{5G_0(4G_0 + 3K_0) + 6(1-c_1)(2G_0 - K_0)(G_1 - G_0)} \quad (5.2\text{-}10)$$

式中: K_0——基体的体积模量;

G_0——基体的剪切模量。

Weng[62]等利用 Mori-Tanaka 法研究了一些经典问题,如夹杂的宽高比对于单向复合材料性能的影响、多孔材料的等效弹性模量[63]、含椭球夹杂及椭圆裂纹的非均匀体的弹性模量[64]等问题,极大地推广了 Mori-Tanaka 法的应用。此外,他们基于 Mori-Tanaka 法发展了颗粒增强复合材料以及纤维增强复合材料的塑性理论[65-67],并将其应用于混凝土以及纳米晶体材料的塑性性能研究[68-69]。

5.2.3 平均场均匀化(MFH)方法

很多复合材料在宏观上是均匀的,但是其细观结构往往是不均匀的。20 世纪 70 年代提出的均匀化理论[70-71]能够很好地连接两个不同尺度物理模型,其本质是一种数学方法。在微观尺度、宏观尺度等不同的坐标系下研究复合材料的相关物理量,将各物理量以两尺度之比为小参数进行展开,根据几何方程、物理方程以及平衡方程建立展开量之间的关系,再利用微观结构的周期性以及边值条件求解各展开量以及宏观物理场。通过不断研究,均匀化理论已经在很多实际工程中成功应用,成为分析具有周期性的结构的一种重要方法。

平均场均匀化法可以建立复合材料宏观应力、应变与材料细观状态下代表性体积单元(Representative Volume Element,RVE)的应力、应变的相关关系。因宏观刚度是微观刚度的体积平均值,可通过应变集中张量定义来求得宏观刚度[72]。

在 RVE 上,对应力场的平均化定义为:

$$\langle f \rangle = \frac{1}{v}\int_\omega f(x,\overline{x}) \mathrm{d}v \quad (5.2\text{-}11)$$

式中: f——RVE 内部的应力/应变场;

x——宏观坐标点;

$\overline{x}$——细观坐标点;

v——RVE 体积;

ω——RVE 区域。

在基体相和夹杂相上,对应力场的平均化定义为:

$$\langle f \rangle_{\omega_r} = \frac{1}{v_r}\int_{\omega_r} f(x,\overline{x})\mathrm{d}v_r \quad r=0,1 \quad (5.2\text{-}12)$$

式中:0,1——分别表示基体相和夹杂相。

RVE、基体相和夹杂相应变场的体积平均关系为:

$$\langle \varepsilon \rangle_\omega = v_0 \langle \varepsilon \rangle_{\omega_0} + v_1 \langle \varepsilon \rangle_{\omega_1} \tag{5.2-13}$$

$$v_0 + v_1 = 1 \tag{5.2-14}$$

式中:$\langle \varepsilon \rangle_\omega$——RVE 区域内的微观应变。

在 RVE 边界上施加一个线性位移,平均场均匀化模型的每一相平均应变可通过应变集中张量 B^e 定义为:

$$\langle \varepsilon \rangle_{\omega_1} = B^e : \langle \varepsilon \rangle_{\omega_0} \tag{5.2-15}$$

细观结构中每一相应变的体积平均值($\langle \varepsilon \rangle_{\omega_1}$ 和 $\langle \varepsilon \rangle_{\omega_0}$)与整个 RVE 的宏观应变的体积平均值$\langle \varepsilon \rangle$相关,通过应变集中张量定义为:

$$\langle \varepsilon \rangle_{\omega_1} = B^e : [v_1 B^e + (1-v_1)I]^{-1} : \langle \varepsilon \rangle \tag{5.2-16}$$

式中:I——对称等效张量,随着B^e而改变。

均匀化模型以 Eshelby 张量为基础。根据 Eshelby 解,在夹杂相内部的应变是均匀的,且与远程应变相关,定义为:

$$\varepsilon(x) = H^e(I, C_0, C_1) : E \quad \forall x \in I \tag{5.2-17}$$

式中:H^e——单夹杂体的应变集中张量,定义为:

$$H^e(I, C_0, C_1) = [I + \xi(I, C_0) : (C_0^{-1}) : (C_1 - C_0^{-1})] \tag{5.2-18}$$

式中:$\xi(I, C_0)$——Eshelby 场张量,与材料的形状和性质有关。

可获得混凝土的宏观有效刚度张量$\overline{C}$为:

$$\overline{C} = [v_1 \overline{C_1} : B^e + (1-v_1) \overline{C_0}] : [v_1 B^e + (1-v_1)I]^{-1} \tag{5.2-19}$$

平均场均匀化的计算过程可大致分为三个过程,如图 5.2-3 所示:

①根据宏观应变计算局部应变。

②根据局部应变和每个相的模型来计算局部应力。

③根据平均局部应力计算宏观应力。

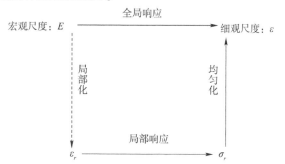

图 5.2-3 平均场均匀化过程

5.3 DIGIMAT 软件简介

DIGIMAT 是由 e-Xstream Engineering 研发的专注于复合材料性能模拟的软件。DIGIMAT 共提供六大模块,其中包括 FE 模块、MF 模块。MF 模块基于 Eshelby 理论和平均场均匀化方法对多相非线性材料进行预测,而 FE 模块通过建立 RVE 模型研究材料局部均匀化的应力应变情况。FE 模块支持多增强和夹杂、空洞夹杂、增强和方向定义等多种微观结构。DIGIMAT 为整合模流分析与结构分析以及获取通用有限元分析所必需的复合材料参数提供了一整套的解决方案。DIGIMAT 是一个非线性、多尺度的复合材料模拟平台,通过基体和纤维的材料特性以及它们之间的微观结构(纤维形状、方向和含量等)获得复合材料的特性。

DIGIMAT 支持几乎所有类型的复合材料的尺度模拟,如轮胎、硬质金属、陶瓷、编织复合材料、纳米材料等,其被广泛应用于航空航天、汽车制造领域[73]。由于 DIGIMAT 不仅能进行机械分析,还能进行热-机械分析、热分析、电分析,这决定了其除了汽车、航空航天领域之外,还可以应用于电子电器行业、3D 打印、医疗器械、运动产业等领域[74-76]。并且,DIGIMAT 为多种大型有限元分析软件(如 ABAQUS、ANSYS 等)留有接口,解决了传统的通过编程建立烦琐抽象的细观模型的建模方式,提供了友好的可视化界面。

目前,DIGIMAT 在土木工程材料领域应用极少[77],但是随着土木工程材料相关研究的深入,研究人员需要用更精确的方法去预测和分析材料的微观性质,如沥青混合料的多尺度问题、混凝土的细观力学研究等,DIGIMAT 的引入不仅能节约成本和时间,更能有效地提高材料分析的精确性以及效率。因此,DIGIMAT 对土木工程材料的多尺度研究有很大的帮助作用。

5.4 基于夹杂理论的混凝土强度模拟计算

基于上述计算理论与方法,开展普通混凝土抗压强度的细观数值模拟计算。对于普通混凝土,基于夹杂理论建立离散化细观数值分析模型;对于 PVA-ECC 材料模型,基于夹杂理论及平均场均匀化方法建立连续型数值模型。开展材料抗压强度计算,并将计算结果与上述试验结果进行对比分析,给出相应的结论。

5.4.1 几何模型的生成

DIGIMAT 在 Microstructures 选项卡中提供了详细的 RVE 几何模型参数的设置,分别为基质、夹杂分配材料（之前认证过的材料）。可以通过不同的方式设置夹杂物，还可以设置夹杂物的形状、大小、直径、位置、方向、聚集等参数来控制几何模型。本算例采用包含类型，通过体积百分比控制夹杂物的占比，采用直径+长宽比的形式定义夹杂的大小，位置和方向采取 3D 随机放置。生成的几何模型如图 5.4-1 所示。

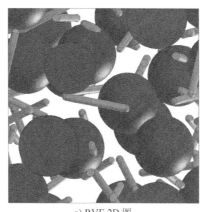 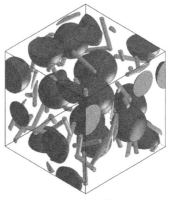

a) RVE 2D 图　　　　　　　　　　b) RVE 3D 图

图 5.4-1　RVE 几何模型 2D、3D 图

5.4.2　材料性质

在建立纤维增强混凝土细观模型时，将其简化看作是纤维、混凝土两种成分组合。分别定义不同成分的密度、弹性模量、泊松比等，完成材料属性的定义。各成分性质见表 5.4-1。

表 5.4-1　材料性质

材料名称	密度(kg/m³)	弹性模量(MPa)	泊松比	极限延伸率(%)	直径(μm)
水泥砂浆(基质)	2200	32500	0.20	—	—
PVA	1300	42000	0.22	7	39
粗集料	2680	55800	0.25	—	—

为了模拟混凝土的极限抗压强度，在建立的离散化数值模型中，基质的本构关系采用混凝土塑性损伤模型进行模拟。对于 PVA-ECC 的细观数值模型，等效材料属性采用混凝土塑性损伤模型进行模拟。

当采用混凝土损伤塑性模型时，混凝土单轴受压的应力-应变（σ-ε）关系按照《混凝土结构设计规范》（GB 50010—2010）确定：

$$\sigma = (1 - d_c)E_c\varepsilon \tag{5.4-1}$$

$$d_{\mathrm{c}} = \begin{cases} 1 - \dfrac{\rho_{\mathrm{c}} n}{n - 1 + x^n} & x \leqslant 1 \\ 1 - \dfrac{\rho_{\mathrm{c}}}{\alpha_{\mathrm{c}} (x - 1)^2 + x} & x > 1 \end{cases} \quad (5.4\text{-}2)$$

$$\rho_{\mathrm{c}} = \frac{f_{\mathrm{c,r}}}{E_{\mathrm{c}} \varepsilon_{\mathrm{c,r}}} \quad (5.4\text{-}3)$$

$$n = \frac{E_{\mathrm{c}} \varepsilon_{\mathrm{c,r}}}{E_{\mathrm{c}} \varepsilon_{\mathrm{c,r}} - f_{\mathrm{c,r}}} \quad (5.4\text{-}4)$$

$$x = \frac{\varepsilon}{\varepsilon_{\mathrm{c,r}}} \quad (5.4\text{-}5)$$

式中：d_{c}——混凝土单轴受压损伤演化参数；

E_{c}——混凝土的弹性模量；

α_{c}——混凝土单轴受压应力-应变曲线下降段参数值；

$f_{\mathrm{c,r}}$——混凝土单轴抗压强度代表值；

$\varepsilon_{\mathrm{c,r}}$——与单轴抗压强度$f_{\mathrm{c,r}}$相应的混凝土峰值压应变。

混凝土单轴受拉的应力-应变关系同样按照规范《混凝土结构设计规范》（GB 50010—2010）确定：

$$\sigma = (1 - d_{\mathrm{t}}) E_{\mathrm{c}} \varepsilon \quad (5.4\text{-}6)$$

$$d_{\mathrm{t}} = \begin{cases} 1 - \rho_{\mathrm{t}} [1.2 - 0.2 x^5] & x \leqslant 1 \\ 1 - \dfrac{\rho_{\mathrm{t}}}{\alpha_{\mathrm{t}} (x - 1)^{1.7} + x} & x > 1 \end{cases} \quad (5.4\text{-}7)$$

$$x = \frac{\varepsilon}{\varepsilon_{\mathrm{t,r}}} \quad (5.4\text{-}8)$$

$$\rho_{\mathrm{t}} = \frac{f_{\mathrm{t,r}}}{E_{\mathrm{c}} \varepsilon_{\mathrm{t,r}}} \quad (5.4\text{-}9)$$

式中：d_{t}——混凝土单轴受拉损伤演化参数；

α_{t}——混凝土单轴受拉应力-应变曲线下降段参数值；

$f_{\mathrm{t,r}}$——混凝土单轴抗拉强度代表值；

$\varepsilon_{\mathrm{t,r}}$——与单轴抗拉强度$f_{\mathrm{t,r}}$相应的混凝土峰值拉应变。

对于 ABAQUS 中输入的应变值，要根据下列公式确定：

①混凝土单轴受压：

$$\varepsilon_{\mathrm{c}}^{\mathrm{in}} = \varepsilon_{\mathrm{c}} - \varepsilon_{0\mathrm{c}}^{\mathrm{el}} \quad (5.4\text{-}10)$$

$$\varepsilon_{0\mathrm{c}}^{\mathrm{el}} = \frac{\sigma_{\mathrm{c}}}{E_0} \quad (5.4\text{-}11)$$

②混凝土单轴受拉：

$$\varepsilon_t^{in} = \varepsilon_t - \varepsilon_{0t}^{el} \quad (5.4\text{-}12)$$

$$\varepsilon_{0t}^{el} = \frac{\sigma_t}{E_0} \quad (5.4\text{-}13)$$

式中：$\varepsilon_c^{in}, \varepsilon_t^{in}$——分别为受压、受拉非弹性应变（ABAQUS 输入的应变）；

$\varepsilon_c, \varepsilon_t$——分别为受压和受拉的实际应变；

$\varepsilon_{0c}^{el}, \varepsilon_{0t}^{el}$——分别为受压和受拉的初始刚度下的弹性应变。

5.4.3　加载和边界条件

DIGIMAT 中，需要对不同类型的分析定义适当的边界条件（包括狄利克雷边界条件、周期性边界条件、混合型边界条件等）。DIGIMAT 提供了多种加载方式，包括宏观单轴应变状态、宏观双轴应变状态、剪切应变状态等。根据试块抗压试验时的实际状态，选取周期性边界条件，加载方式为单轴应变状态。采用纵向固定约束，以考虑底部支座的作用。载荷由试件上的加载面提供，通过在竖向施加位移荷载进行分析。整个模型中有两种接触，即加载面与试件上表面的接触和试件下表面的接触，在 ABAQUS 中可以进行相关设置。

5.4.4　划分网格

DIGIMAT 提供了两种网格划分类型（四面体和六面体），用户可以选择自动设置种子大小，也可手动定义。DIGIMAT 还会根据几何模型预估单元数，以便用户参考。利用 DIGIMAT-FE 可以设置随机分布夹杂物的优点来建立材料弹性本构模型，并利用 DIGIMAT-FE 在夹杂物附近画网格密实的优点来绘制网格，将该模型导入有限元软件 ABAQUS 中进行塑性损伤参数的设置，从而得到完整的混凝土塑性损伤模型与网格划分。两种尺寸的普通混凝土试块几何模型如图 5.4-2 所示。

a) 150mm×150mm×150mm 试块　　b) 150mm×150mm×300mm 试块

图 5.4-2　网格划分

5.4.5　计算求解

DIGIMAT 除了自带求解器,还提供多种接口与 ABAQUS、ANSYS 等大型商用有限元计算软件进行数据交换,且无须导入,可直接在后台运行计算。本案例选择使用 ABAQUS 进行计算。

5.4.6　计算结果分析

采用上述数值模型及属性参数,经 ABAQUS 有限元软件计算得到了试块加载过程中的力学状态,计算完成后试块的破坏状态见图 5.4-3,试块的压力-位移曲线见图 5.4-4。通过结果分析可知,混凝土立方体抗压强度模拟值为 46.6MPa,混凝土轴心抗压强度为 32.2MPa。将数值模拟结果与试验实测值相比可知,数值模拟与试验结果具有良好的一致性,具体见表 5.4-2。

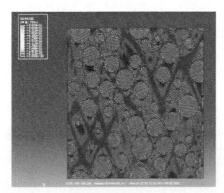
a) 150mm×150mm×150mm 试块

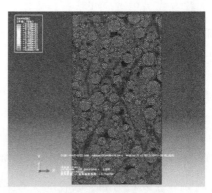
b) 150mm×150mm×300mm 试块

图 5.4-3　普通混凝土试块损伤结果(有限元计算软件截图)

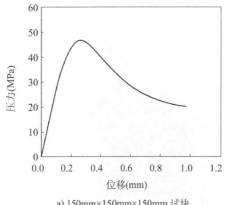
a) 150mm×150mm×150mm 试块

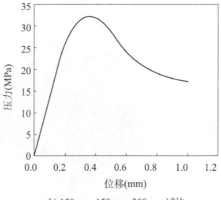
b) 150mm×150mm×300mm 试块

图 5.4-4　普通混凝土压力-位移曲线

表 5.4-2　C40 混凝土强度值对比（28d 龄期）

测量指标	试块尺寸 （mm×mm×mm）	加载速度 （MPa/s）	抗压强度试验值 （MPa）	抗压强度数值模拟值 （MPa）	误差
立方体抗压强度	150×150×150	0.5	46.0	46.6	1.3%
轴心抗压强度	150×150×300	0.5	32.0	32.2	6.3%

5.5　基于夹杂理论及均匀化方法的 PVA-ECC 强度模拟计算

5.5.1　材料模型

采用 PVA-ECC 的塑性损伤理论描述了细观尺度下 PVA-ECC 的力学和损伤性能，假定 PVA-ECC 为非均质复合材料，由水泥砂浆基质和 PVA 纤维夹杂物组成。利用 DIGIMAT-MF 来实现材料均匀化，并利用 ABAQUS 建立试块有限元模型，均匀化的材料本构采用混凝土塑性损伤模型。基于 DIGIMAT-MF 的材料本构模型需要确定基质相和夹杂相的弹性力学参数，其中水泥砂浆和 PVA 纤维的弹性力学参数如表 5.5-1 所示。

表 5.5-1　基质和 PVA 纤维的性能

材料	弹性模量(MPa)	密度(kg/m^3)	泊松比
基质	32500	2200	0.2
PVA 纤维	42000	1300	0.2

5.5.2　材料均匀化方法

Mori-Tanaka 法及 Eshelby 等效夹杂理论相结合是预测复合材料力学性能比较经典的解析方法。Eshelby 在研究含单椭球夹杂无限弹性场时提出了著名的等效夹杂原理，其中 Eshelby 张量可以描述夹杂物形状产生的影响，一般将夹杂物近似看作椭球体。Mori-Tanaka 的平均应力场理论以一种较为简单的方式来分析复合材料的宏观、微观力学行为。

为了使宏观与微观的应力和应变能够关联起来，就必须在复合材料中选取代表性体积元(RVE)，使其在宏观尺度上足够小而在微观尺度上足够大，以保证其所受应力均匀且包含所有 n 项夹杂物，从而使 RVE 的力学和几何统计信息与复合材料整体具有相同特征。根据 Eshelby 等效夹杂理论，基质和夹杂物中的平均应力可以分别表示为：

$$\sigma_0 = L_0\varepsilon_0 = L_0(\bar{\varepsilon} + \bar{\bar{\varepsilon}}) \tag{5.5-1}$$

$$\sigma_r = L_r\varepsilon_r = L_r(\bar{\varepsilon} + \bar{\bar{\varepsilon}} + \varepsilon_r^{pt}) = L_0(\bar{\varepsilon} + \bar{\bar{\varepsilon}} + \varepsilon_r^{pt} - \varepsilon_r^t) \tag{5.5-2}$$

$$\varepsilon_r^{pt} = S_r\varepsilon_r^t \tag{5.5-3}$$

式中：σ_0, σ_r——分别为基质的平均应力和第 r 项增强体的平均应力；

L_0, L_r——分别为基质的刚度张量和第 r 项增强体的刚度张量；

$\varepsilon_0, \varepsilon_r$——分别为基质的平均应变和第 r 项增强体的平均应变；

$\bar{\varepsilon}, \bar{\bar{\varepsilon}}$——分别为复合材料的宏观应变和增强体的出现产生的扰动应变；

$\varepsilon_r^{pt}, \varepsilon_r^t$——分别为增强体 r 中额外的扰动应变（摄动应变）和增强体 r 中的等效本征应变；

S_r——各增强体的 Eshelby 张量，与增强体形状及基质的泊松比有关。

由上述各式计算得到：

$$\varepsilon_r = [I - S_rL_0^{-1}(L_0 - L_r)]^{-1}\varepsilon_0 \tag{5.5-4}$$

定义张量：

$$A_r^{\text{Esh}} = [I - S_rL_0^{-1}(L_0 - L_r)]^{-1} \tag{5.5-5}$$

得到：

$$\varepsilon_r = A_r^{\text{Esh}}\varepsilon_0 \tag{5.5-6}$$

它描述了增强体与基体中平均应变的关系。根据应变和应力平均化法则，有：

$$\begin{cases} \sum_{r=0}^{n} f_r\varepsilon_r = \varepsilon_t \\ \sum_{r=0}^{n} f_r\sigma_r = \delta_t \end{cases} \tag{5.5-7}$$

式中：f_r——第 r 项夹杂物的体积分数。

$$\sigma_r = L_r\varepsilon_r = L_rA_r^{\text{Esh}}\varepsilon_0 = L_rA_r^{\text{Esh}}L_0^{-1}\sigma_0 \tag{5.5-8}$$

由上述公式计算得到：

$$\begin{cases} \varepsilon_0 = (\sum_{r=0}^{n} f_rA_r^{\text{Esh}})^{-1}\varepsilon_t \\ \sigma_0 = L_0(\sum_{r=0}^{n} f_rL_rA_r^{\text{Esh}})^{-1}\sigma_t \end{cases} \tag{5.5-9}$$

由此可从宏观尺度上复合材料的总平均应变和应力得到微观尺度上基体的平均应变和应力。另外，由上述公式可以推导得到：

$$\begin{cases} \varepsilon_r = A_r^{\text{Esh}}(\sum_{r=0}^{n} f_rA_r^{\text{Esh}})^{-1}\varepsilon_t \\ \sigma_r = L_rA_r^{\text{Esh}}(\sum_{r=0}^{n} f_rL_rA_r^{\text{Esh}})^{-1}\sigma_t \end{cases} \tag{5.5-10}$$

式(5.5-10)即为增强体的平均应变和应力与复合材料的总平均应变和应力的关系。由上述公式可以推导得：

$$\sigma_t = (\sum_{r=0}^{n} f_r L_r A_r^{Esh})(\sum_{r=0}^{n} f_r A_r^{Esh})^{-1} \varepsilon_t \tag{5.5-11}$$

即复合材料的有效刚度张量 L 为：

$$L = (\sum_{r=0}^{n} f_r L_r A_r^{Esh})(\sum_{r=0}^{n} f_r A_r^{Esh})^{-1} \tag{5.5-12}$$

5.5.3 PVA-ECC 有限元模型

利用 DIGIMAT-MF 可以设置随机分布夹杂物的优点来建立材料弹性本构模型，并使用 DIGIMAT-MF 本身的材料均质化功能对 PVA-ECC 材料进行均质化，将该模型导入有限元软件 ABAQUS 中进行塑性损伤参数的设置，从而得到完整的混凝土塑性损伤模型。采用 ABAQUS 等尺寸划分网格。载荷和边界条件采用与普通混凝土相同的方法。PVA-ECC 立方体试块和棱柱体试块的有限元模型如图 5.5-1 所示。

a) 150mm×150mm×150mm 试块

b) 150mm×150mm×300mm 试块

图 5.5-1　PVA-ECC 试块几何模型

5.5.4 计算结果分析

采用上述数值模型及属性参数，经 ABAQUS 有限元软件计算得到了试块加载过程中的力学状态，计算完成后试块的破坏状态见图 5.5-2，试块的压力-位移曲线见图 5.5-3。通过结果分析可知，PVA-ECC 立方体抗压强度模拟值为 54.5MPa，混凝土轴心抗压强度为 56.3MPa。将数值模拟结果与试验实测值相比可知，数值模拟结果与试验结果具有良好的一致性，具体见表 5.5-2。

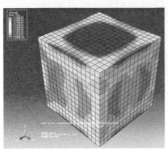
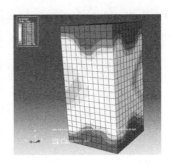

a) 150mm×150mm×150mm 试块　　　b) 150mm×150mm×300mm 试块

图 5.5-2　PVA-ECC 试块破坏状态(有限元计算软件截图)

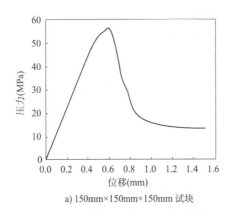
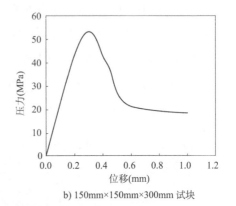

a) 150mm×150mm×150mm 试块　　　b) 150mm×150mm×300mm 试块

图 5.5-3　PVA-ECC 试块的压力-位移曲线

表 5.5-2　1.5%PVA 掺量的 PVA-ECC 强度值对比(28d 龄期)

测量指标	试块尺寸 (mm×mm×mm)	加载速度 (MPa/s)	抗压强度试验值 (MPa)	抗压强度数值模拟值 (MPa)	误差
立方体抗压强度	150×150×150	0.5	55.0	54.5	0.9%
轴心抗压强度	150×150×300	0.5	56.5	56.3	0.4%

5.6　小　　结

基于夹杂理论及细观均匀化方法,采用 DIGIMAT + ABAQUS 有限元软件建立了普通混凝土及 PVA-ECC 的细观计算模型,并对其进行了强度计算,最后,将计算结果与试验结果进行对比分析,验证计算模型的适用性,具体结论如下:

①通过理论分析,基于夹杂理论,采用 DIGIMAT + ABAQUS 有限元软件建立了普通混凝土的离散介质有限元模型,并对其立方体抗压强度和轴心抗压强度进行了计算。通过对比计算结果与试验结果可知,数值模拟结果与试验结果具有良好的一致性。

②通过理论分析,基于夹杂理论和平均场均匀化方法,采用 DIGIMAT + ABAQUS 有限元软件建立了 PVA-ECC 的连续介质有限元模型,并对其立方体抗压强度和轴心抗压强度进行了计算。通过对比计算结果与试验结果可知,数值模拟结果与试验结果具有良好的一致性。由此表明,本章建立的基于夹杂理论及平均场均匀化方法的数值计算方法,对普通混凝土及 PVA-ECC 的强度进行模拟是可行的。

第6章 PVA-ECC的多裂缝开裂性能试验研究

6.1 引 言

PVA-ECC在荷载作用下呈现出明显的多缝开裂和应变硬化特性,采用这种材料对混凝土结构进行加固修复是解决混凝土结构耐久性问题的一条有效途径。目前,关于这一特性的相关研究大多是在直接拉伸荷载作用下进行的。然而,如果将PVA-ECC实际应用到工程构件中或作为修补材料应用到钢筋混凝土结构中,PVA-ECC大多受弯曲荷载作用。因此,研究PVA-ECC在弯曲荷载条件下的多缝开裂特性及裂缝分布规律对其实际工程应用具有重要的参考价值,这也是本研究的主要内容之一。

6.2 试件制备

为了开展PVA-ECC的多裂缝开裂特性研究,拟采用普通砂浆梁试件和PVA-ECC制作的梁试件的三点弯曲对比试验,获取PVA-ECC裂缝开裂特性及其与普通砂浆开裂特性的区别,以此评价PVA-ECC在提高混凝土耐久性方面的优势。

为模拟实际承受弯曲荷载的梁构件,本试验采用长度为160mm、截面宽度为25mm、截面高度为40mm的小尺寸梁试件,四个试件为一个连模,试模如图6.2-1所示。为了更好地控制裂缝的发展,在试件上、下各放置一根直径为8mm的光圆钢筋,保护层厚度为8mm。

图6.2-1 试件的试模

本试验共制备普通砂浆梁试件 6 个、PVA-ECC 试件 10 个,通过三点弯曲加载对比试验,从裂缝的宽度、数量、分布状态等方面分析普通砂浆试件与 PVA-ECC 试件开裂特性的差异。

6.2.1 普通砂浆试件制备

用于开展三点弯曲试验的普通砂浆梁试件共 6 个,其制备流程如下:

①称料:按照设计配合比(表 6.2-1)计算材料用量,考虑制模损耗,扩大系数取 1.2,利用电子秤准确称量各种原材料用量。试块模具采用四连模,试块为 25mm × 40mm × 160mm 的长方体。

表 6.2-1 制备普通砂浆试件的各原材料用量

原材料	水泥	砂	水
配合比(kg/m³)	450	1350	225

②搅拌:将称量好的水泥和砂放入混凝土搅拌机中搅拌,如图 6.2-2 所示,先慢速干拌 2min,后向搅拌锅中加入拌和用水,再慢速干拌 4min。

③浇筑:将搅拌均匀的普通砂浆分 3 次装入模具中振捣成型,如图 6.2-3 所示,每次振捣 60 次,全部抹平后再振捣 60 次,共 240 次(4 个循环)。

图 6.2-2 水泥胶砂搅拌机图　　图 6.2-3 水泥胶砂振实台

④拆模:将混凝土放置于室温下,成型 24h 后拆模,并将试块标记为 S1~S8。

⑤养护:将 8 个试件放入标准养护室(温度 20℃ ±3℃、相对湿度≥90%)中养护 14d。

6.2.2 PVA-ECC 试件制备

用于开展三点弯曲试验的 PVA-ECC 试件共有 10 个,其制备流程如下:

①称料:按照设计配合比(表 6.2-2)计算材料用量,考虑制模损耗,扩大系数取 1.2,利用电子秤准确称量各种材料用量。试块模具采用四连模,试块为 25mm × 40mm × 160mm 的长方体。

表 6.2-2　制备 PVA-ECC 试件的各原材料用量

原材料	粉煤灰	水泥	石英砂	水	PVA 纤维(1.5%)	减水剂
配合比(kg/m³)	650	550	550	301	19.50	0.004

②搅拌：将称量好的粉煤灰、水泥、石英砂放入润湿的搅拌锅内，慢速干拌 2min；将拌和水与减水剂混合，用搅拌棒搅拌均匀后倒入搅拌锅内，慢速搅拌 4min；将 PVA 纤维沿锅壁缓慢加入，快搅 2min，至纤维不结团；慢速搅拌 4min，减少气泡的产生。

③浇筑：将搅拌好的 PVA-ECC 装入钢模中。首先添加至钢模高度 1/3 处，振捣 60 次；再添加至钢模高度 2/3 处，振捣 60 次；将钢模填满后，再振捣 60 次；将模具上表面抹平后再振捣 60 次，共 240 次(4 个循环)。分次加入的目的是使 PVA-ECC 振捣密实。

④拆模：24h 后拆模，并将试件标记为 ECC1～ECC10。

⑤养护：放入标准养护室(温度 20℃ ±3℃、相对湿度≥90%)中养护 28d。

6.2.3　试验过程

采用三点弯曲的方式对试件缓慢施加荷载，诱导试件开裂，加载方式如图 6.2-4 所示。当裂缝稳定且不出现新裂缝时卸载。为了提高测量裂缝宽度的准确性，在三点弯曲试验前将试件底面分成 5 个区域、4 个测点分别进行测量。由于试验过程中，部分裂缝不能贯穿整个底面，所以进行裂缝宽度统计时，选择在裂缝与分界线的交点处进行宽度测量，取 4 个交点的平均值作为此条裂缝的宽度。卸载后，用裂缝宽度监测仪按照上述方法再次测量试件底面裂缝宽度并做统计。

相比于单轴直拉试验，三点弯曲试验操作较为容易，且对于后续试验的进行比较有利。在弯曲应力的作用下，PVA-ECC 试件会呈现出多缝开裂模式。

当试件养护达 28d 龄期后，将试件从标准养护室中取出，开展三点弯曲试验。采用 250kN 万能试验机分别对普通砂浆试件和 PVA-ECC 试件进行加载，加载速率为 0.3mm/min，加载示意图见图 6.2-4。

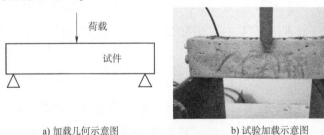

a) 加载几何示意图　　　　b) 试验加载示意图

图 6.2-4　三点弯曲试验示意图

主要从裂缝宽度、高度及数量三方面进行裂缝统计。采用裂缝宽度监测仪和数码显微镜对弯曲荷载下产生的裂缝宽度进行测量，设备如图 6.2-5 所示。

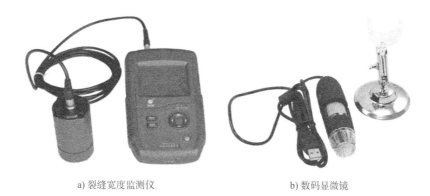

a) 裂缝宽度监测仪　　　　　　　　b) 数码显微镜

图 6.2-5　裂缝宽度测量仪器

1) 裂缝宽度测量

利用上述设备测定持载和卸载状态下普通砂浆试件 S1～S6 及 PVA-ECC 试件 ECC1～ECC10 的裂缝宽度。测量裂缝时，将裂缝宽度监测仪的探头对准试件底面，点击主机界面上的"确定"按钮进行拍照采集；待数据全部采集完毕后，将主机里的照片导入康科瑞缝宽检测分析软件中，对裂缝宽度进行人工微调后，将最终数据整理制成图表。

为了提高裂缝宽度测量的准确性，在三点弯曲试验前将试件底面分成 5 个区域，每个区域的面积为 5mm × 160mm，如图 6.2-6 所示。由于试验过程中，部分裂缝不能贯穿整个底面，所以在进行裂缝宽度统计时，应在裂缝与分界线的交点处进行宽度测量，取 4 个交点的平均值作为此条裂缝的宽度。

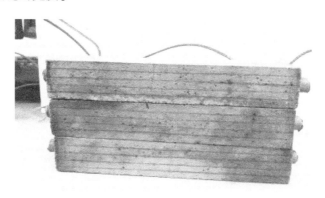

图 6.2-6　试件底面画线示意图

卸载后，用裂缝宽度监测仪按上述方法再次测量试件底面裂缝宽度并做统计。由于裂缝宽度监测仪的精度较低，只能精确到 $10\mu m$，所以卸载后采用数码显微镜（精度可达 $100\mu m$）对试件底面的裂缝宽度再次进行测量、统计。

2) 试件裂缝高度的测量

持载条件下,用铅笔在前、后表面裂缝一侧做好标记。卸载后,用直尺量出试件前、后表面持载时和卸载后的裂缝高度,并计算出卸载前、后高度差。

3) 裂缝数量的统计

找出试件前、后表面以及底面位于中间线的裂缝编号,并统计中间线左侧和右侧的裂缝数量。

6.3 试验结果分析与讨论

6.3.1 普通砂浆试件与PVA-ECC试件的三点弯曲性能对比

按照上述试验方法及步骤对普通砂浆试件 S1～S6 和 PVA-ECC 试件 ECC1～ECC10 进行三点弯曲试验,试验加载过程中得到了荷载和行程数据,并记录了梁试件加载过程中的裂缝开展情况及裂缝宽度。普通砂浆试件的荷载-行程曲线见图 6.3-1,PVA-ECC 试件的荷载-行程曲线见图 6.3-2。

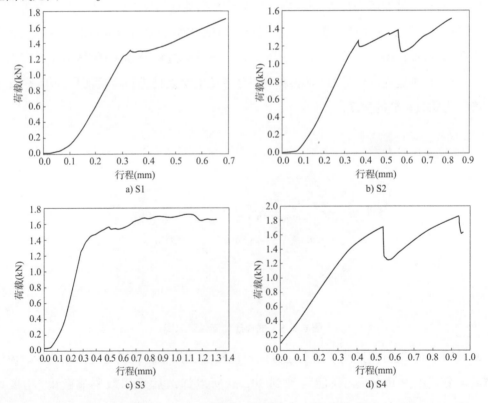

图 6.3-1

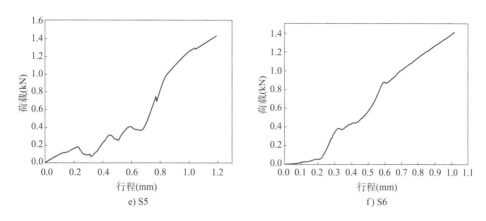

e) S5   f) S6

图 6.3-1 普通砂浆试件 S1~S6 荷载-行程曲线

由图 6.3-1 可知,当 S1~S6 的荷载分别加到 1.3kN、1.3kN、1.6kN、1.7kN、0.2kN、0.4kN 时,荷载开始呈小幅度下降趋势,这时,加载试件跨中开始出现第一条裂缝,此时由胶凝材料与钢筋共同承担荷载,荷载最大降幅不超过 0.4kN 后便再次呈现上升趋势。继续施加荷载,普通砂浆试件会出现第二条、第三条裂缝,并且裂缝宽度不断扩大。

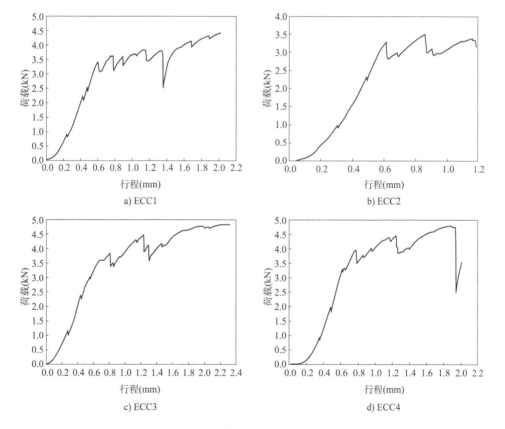

a) ECC1   b) ECC2

c) ECC3   d) ECC4

图 6.3-2

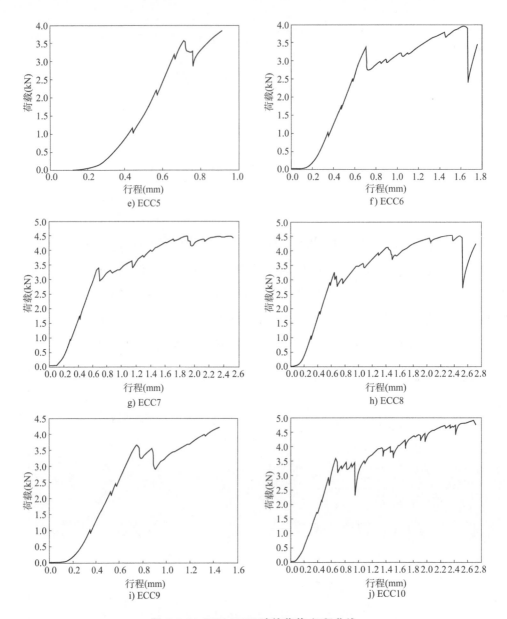

图 6.3-2　PVA-ECC试件荷载-行程曲线

由图6.3-2可知,当荷载加到约1.0kN时,ECC1~ECC10的荷载均出现微小的下降趋势;加载到约3.5kN时,荷载出现明显下降现象,此时试件跨中开始出现第一条裂缝,并迅速向上扩展,甚至贯通;随着行程的加大,荷载大小会出现波动的现象,此时,由于纤维的桥联作用,中间裂缝不会继续扩展,但附近会出现许多细小裂缝,共同分担荷载。

相比于普通砂浆试件而言,PVA-ECC试件在三点弯曲试验中能承受较大的荷载,为普通砂浆试件所能承受荷载的2~17倍,且试件变形量较小。这是因为纤维的存在使试件强度得到一定提升,延迟了裂缝的产生,在第一条裂缝产生后,纤维开始发挥桥联作用,裂缝扩展受到抑制,致使试块抗压能力显著提高。当裂缝数量达到饱和时,不再出现新的裂缝,此时裂缝宽度继续扩展,中间裂缝宽度逐渐增大,形成主裂缝,该处纤维不断被拔出,直至试件破坏。在此过程中,随着变形的增大,荷载出现急剧下降的现象。

6.3.2 试件持载、卸载时裂缝宽度分析

对做过三点弯曲试验的 6 个普通砂浆试块和 10 个 PVA-ECC 试件,利用裂缝宽度监测仪在持载和卸载状态下测得裂缝宽度,以持载时裂缝宽度为横坐标,以卸载时裂缝宽度为纵坐标,绘制持载-卸载裂缝宽度散点图,如图 6.3-3 和图 6.3-4 所示。由图 6.3-3 可知,普通砂浆试件持载时的裂缝宽度在 0.10~0.50mm,卸载时裂缝宽度在 0.05~0.12mm。而由图 6.3-4 可知,PVA-ECC 试件持载时裂缝宽度集中在 0.02~0.08mm,表明试件即使在加载状态下,裂缝宽度依然维持在 80μm 以下,且持载时大部分裂缝宽度都小于 60μm,比普通砂浆试件在加载状态下的裂缝宽度小很多;PVA-ECC 试件卸载时裂缝宽度集中在 0.01~0.03mm,小于普通砂浆试件卸载时的裂缝宽度范围。由此可见,PVA-ECC 试件在进行三点弯曲试验后会产生很多细密的微裂缝。

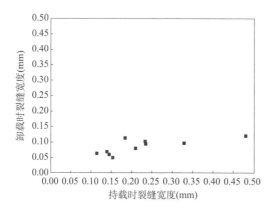 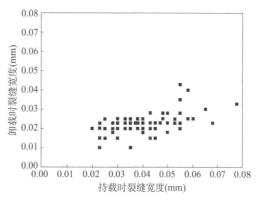

图 6.3-3 普通砂浆试件持载-卸载裂缝宽度分布   **图 6.3-4 PVA-ECC 试件持载-卸载裂缝宽度分布**

6.3.3 卸载后裂缝恢复分析

钢筋混凝土结构一般除了承受永久荷载外,还承受活荷载。当结构遭受活荷载的作用后,构件的裂缝恢复能力对钢筋混凝土结构的耐久性至关重要。通过对比试件在持载及卸载状态下的裂缝宽度,分析普通砂浆试件和 PVA-ECC 试件的裂缝恢复能力,获取 PVA-ECC 的裂缝恢复特点及优势,为 PVA-ECC 提高混凝土耐久性方面的机理分析提供数据支撑。

1) 普通砂浆试件缝宽及恢复能力分析

在持载过程中,将裂缝宽度监测仪的探头对准试件底面,可以观察到裂缝发展情况。每个试件的缝宽及恢复能力如表6.3-1所示。可知,在持载状态下,试件产生的最小裂缝宽度为0.115mm,最大裂缝宽度为0.482mm;卸载后,由于胶凝材料以及钢筋的存在,使试件具有一定的恢复能力,试件的最小裂缝宽度为0.05mm,最大裂缝宽度为0.12mm。

表6.3-1 普通砂浆试件缝宽及恢复能力统计表

试块编号	裂缝数量	裂缝编号	状态	平均缝宽(mm)	卸载后裂缝恢复能力(%)
S1	1	裂缝1	持载	0.234	56.4
			卸载	0.102	
S2	2	裂缝1	持载	0.140	51.4
			卸载	0.068	
		裂缝2	持载	0.154	67.5
			卸载	0.050	
S3	3	裂缝1	持载	0.482	75.1
			卸载	0.120	
		裂缝2	持载	0.146	58.9
			卸载	0.060	
		裂缝3	持载	0.115	45.2
			卸载	0.063	
S4	1	裂缝1	持载	0.330	70.9
			卸载	0.096	
S5	1	裂缝1	持载	0.186	38.7
			卸载	0.114	
S6	2	裂缝1	持载	0.210	61.9
			卸载	0.080	
		裂缝2	持载	0.235	59.6
			卸载	0.095	

试验过程中,获取了普通砂浆试件的裂缝开展情况,对裂缝宽度进行了测量并拍摄记录。通过对比同一块普通砂浆试件的同一条裂缝在持载时与卸载后的宽度(图6.3-5)可知,普通砂浆试件的裂缝恢复能力较强,为38.7%~75.1%。尽管普通砂浆试件的裂缝恢复能力较强,但恢复后的裂缝宽度仍然很大。若应用在实际工程中,如此大的裂缝宽度很容易受到海水、CO_2 和有害物质的侵蚀,加快钢筋锈蚀速率,大大缩短建筑物的使用寿命。

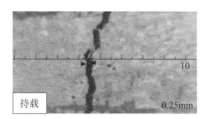
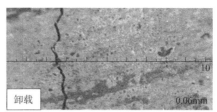

a) 测点 1 持载、卸载时裂缝宽度

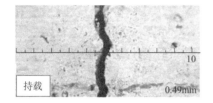
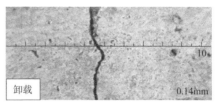

b) 测点 2 持载、卸载时裂缝宽度

图 6.3-5 同一普通砂浆试件的同一测点持载、卸载时裂缝宽度图

2) PVA-ECC 试件裂缝宽度及恢复能力分析

PVA-ECC 试件三点弯曲试验过程中,持载状态下试件的左、右两侧各有一个支撑点,而裂缝宽度监测仪的探头无法测得试件边缘的裂缝宽度,因此在进行数据整理分析时只统计了卸载后的边缘裂缝宽度。为了对比 PVA-ECC 试件在持载及卸载状态下的裂缝宽度,根据试验结果,处理得到了 PVA-ECC 在持载、卸载状态下的底面裂缝宽度对比图,具体见图 6.3-6。需要指出的是,作图时舍掉了边缘裂缝的宽度。由图 6.3-6 可知,持载状态下,PVA-ECC 梁构件底面约有 95% 的裂缝宽度小于 0.05mm,最大裂缝宽度为 0.075mm,最小裂缝宽度为 0.02mm,平均裂缝宽度为 0.036mm;卸载后,最大裂缝宽度为 0.04mm,最小裂缝宽度为 0.02mm,平均裂缝宽度为 0.022mm。

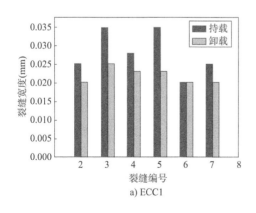
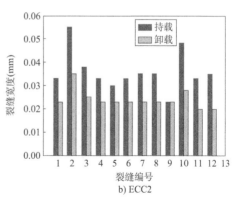

a) ECC1   b) ECC2

图 6.3-6

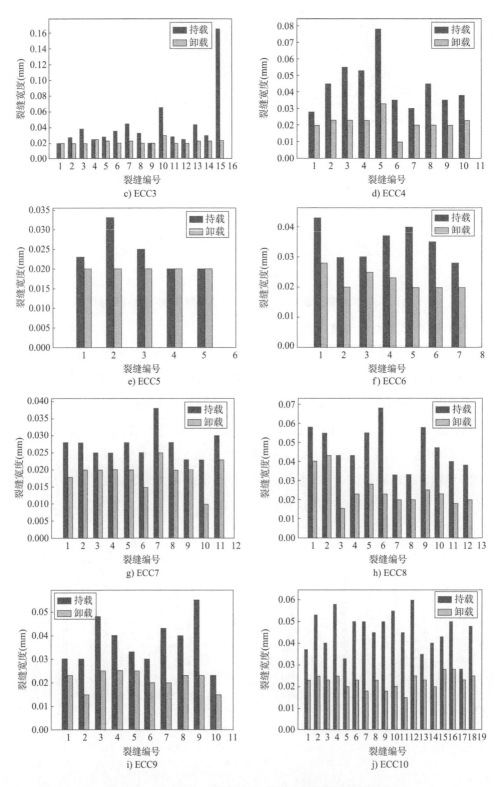

图6.3-6 PVA-ECC构件持载、卸载底面裂缝宽度对比图

对比普通砂浆构件与 PVA-ECC 构件在持载状态下的裂缝宽度可以发现,PVA-ECC 试件的裂缝宽度明显小于普通砂浆试件裂缝宽度,说明 PVA-ECC 较普通砂浆具有良好的裂缝控制能力;但 PVA-ECC 试件的裂缝数量明显多于普通砂浆裂缝数量,这是因为 PVA 纤维的桥联作用以及 PVA-ECC 自身的应变硬化特性,使构件产生很多微小的裂缝来分散荷载,提高了试件的断裂韧性。

6.3.4 PVA-ECC 试件裂缝分布分析

试验过程中记录了梁试件的裂缝开裂状态与分布,其中 PVA-ECC 试件多缝开裂的特性可以由试件表面的裂缝分布表示,如图 6.3-7 所示。

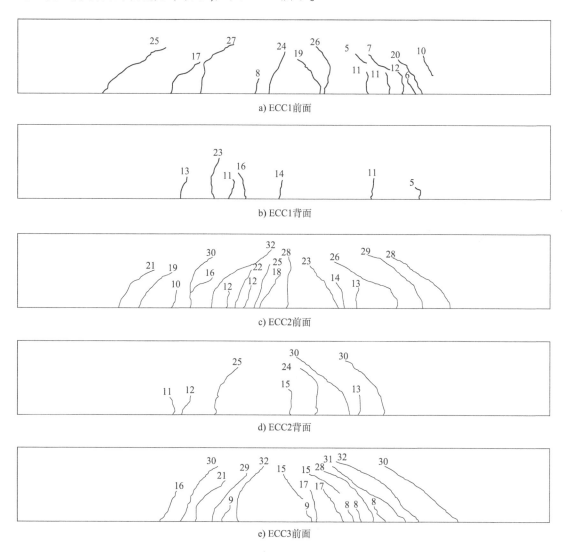

图 6.3-7

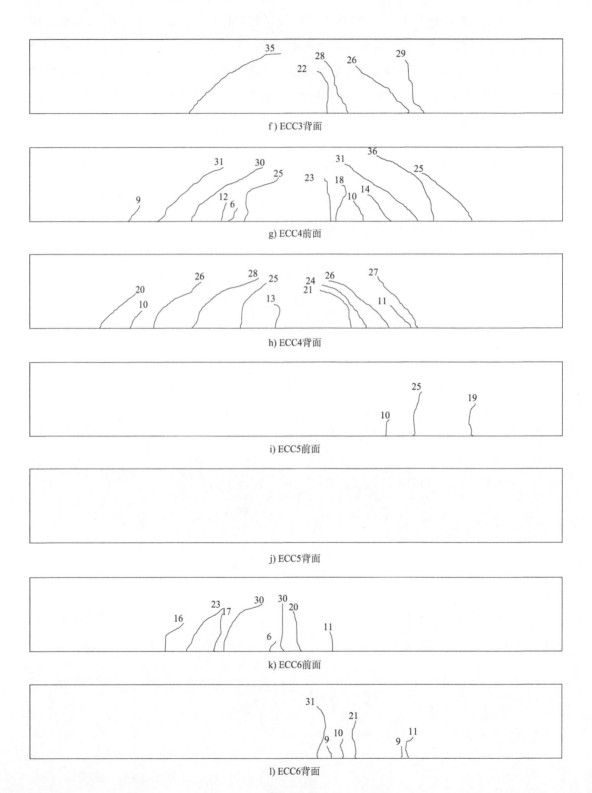

图 6.3-7

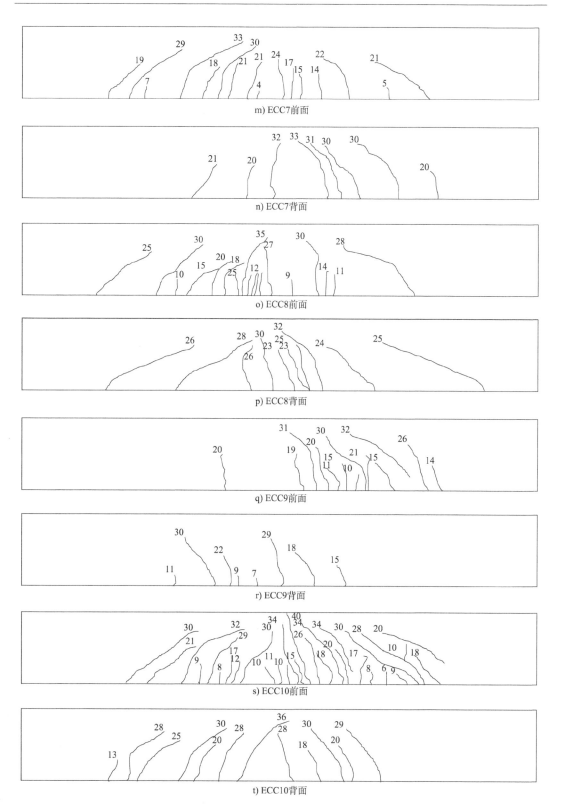

图 6.3-7 PVA-ECC 试件多缝开裂的表面分布状况

在测量之前,已对肉眼能够观测到的裂缝进行了编号。在测量过程中,利用数码显微镜又检测到很多肉眼观测不到的微裂缝,对后续观测到的裂缝进行继续编号。为了方便开展裂缝宽度分布分析,将所有裂缝编号按自左到右的顺序进行重新编排,并做成条形图,如图 6.3-8 所示。深灰色条形代表位于该试件中间位置的裂缝,浅灰色条形代表分布在中间位置两侧的裂缝。

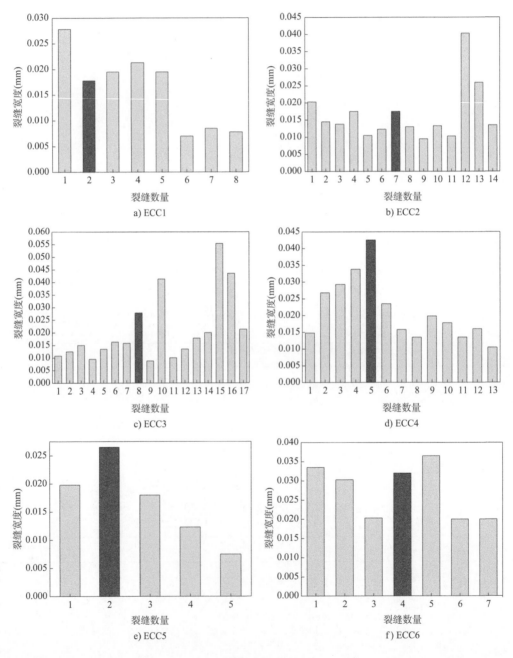

图 6.3-8

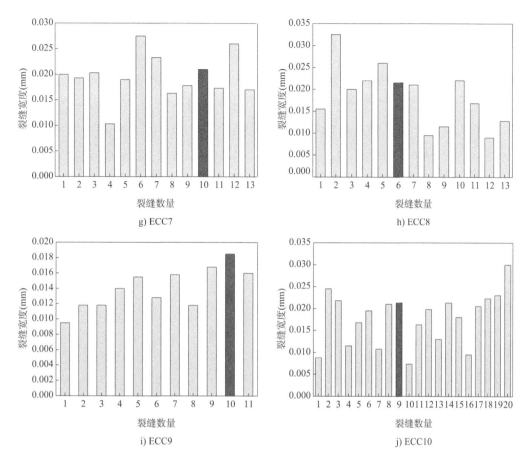

图 6.3-8　PVA-ECC 试块裂缝分布分析

由图 6.3-8 可以看出，PVA-ECC 试件（如 ECC2、ECC3、ECC4、ECC6、ECC8、ECC10），中间线两侧的裂缝数量分布较为均匀，且 ECC4 试件中间线裂缝宽度较两侧裂缝宽度大，这是因为在三点弯曲试验中，试件底面受拉，中间为受拉区的薄弱位置，裂缝较容易扩展。但是 ECC1、ECC5、ECC7、ECC9 中间线两侧裂缝分布并不是特别均匀，可能原因是在选定中间线时，人工测量中间线位置会出现一定误差，导致左右两侧裂缝数量分布不均。

进行三点弯曲试验后 PVA-ECC 试件底面裂缝开裂情况见图 6.3-9。由该图可以明显看出，在三点弯曲试验后试件底面产生了很多细小的裂缝。

通过普通砂浆试件和 PVA-ECC 试件的三点弯曲对比试验结果可知，在试验过程中，普通砂浆试件在出现第一条裂缝后，裂缝宽度会持续增大；而 PVA-ECC 试件在出现第一条裂缝后，随着荷载的增大，裂缝宽度缓慢增大的同时，会在第一条裂缝左、右两侧出现多条微裂缝，共同承担荷载。由图 6.3-9 可以看出，所有 PVA-ECC 试件均表现出明显的多缝开裂特点，且裂缝分布较密集。

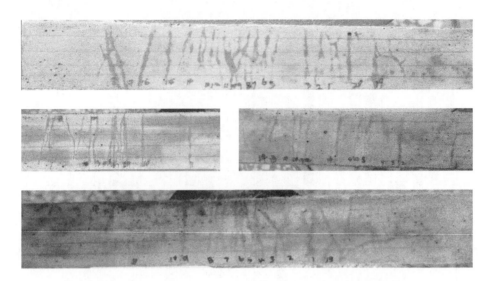

图 6.3-9　三点弯曲试验卸载后 PVA-ECC 试件底面裂缝状况

6.4　小　　结

本章对普通砂浆试件和 PVA-ECC 试件进行了三点弯曲试验,从裂缝宽度、高度和裂缝分布等方面进行了对比分析,得到具体结论如下:

①PVA-ECC 试件出现第一条裂缝后,由纤维和钢筋共同承担拉力,能够承担更大的荷载。因此,较普通砂浆试件而言,PVA-ECC 试件的承载能力更强。

②持载状态下,普通砂浆试件的裂缝宽度在 0.10～0.50mm,而 PVA－ECC 试件的裂缝宽度在 0.02～0.08mm;在卸载状态下,普通砂浆试件的裂缝宽度在 0.05～0.12mm,而 PVA-ECC 试件的裂缝宽度在 0.01～0.03mm。试验结果表明,PVA－ECC 试件在三点弯曲试验后会产生数量较多且缝宽较小的微裂缝,呈现多细微裂缝开裂特性。

③受荷状态对普通砂浆试件和 PVA-ECC 构件都有一定影响,卸载后的裂缝宽度明显小于持载时的裂缝宽度。

④PVA-ECC 除了表现出优良的韧性外,还具有多细微裂缝开裂特性及裂缝宽度较小的特点,这有利于减少水、CO_2 及有害物质的侵入,提高混凝土的耐久性。

⑤在制备 PVA-ECC 试件时,纤维较轻,浮于试件上部。由于纤维桥联作用,使试件卸载后,部分裂缝高度有不同程度的减小,这表明 PVA-ECC 有一定的裂缝恢复能力。

第7章　PVA-ECC 与混凝土的界面抗剪性能试验研究

7.1　引　　言

目前,我国大量混凝土结构(如港口码头、跨海桥梁、民用建筑等)在自然环境和人为因素共同作用下,出现了不同程度的老化、劣化和损伤;甚至一些新建混凝土结构,由于存在蜂窝、空洞等病害与缺陷而在短期内出现开裂、大面积脱落等现象,亟须修复、加固。

在采用水泥基材料对在役钢筋混凝土结构进行加固修复时,修复材料与既有混凝土的黏结性能是保证二者形成整体、协同工作的关键。修复材料与既有混凝土的黏结面是一个薄弱环节,其抗拉、抗剪强度以及其他力学性能关系到结构的加固修复效果。对于修复材料与既有混凝土的黏结面,除了修复材料与老混凝土不协调的干缩变形与温度变形在黏结面处产生拉应力与剪应力外,在受力过程中还经常处于拉剪和压剪的复合受力状态。因此,在两种材料的黏结面处常发生破坏,其主要形式有:①当垂直于黏结面的拉应力较大时,黏结面产生张拉破坏;②当平行于黏结面的剪应力较大时,沿黏结面产生滑动而发生剪切破坏;③前两者兼而有之。增强修复材料与既有混凝土黏结面的抗剪能力是提升修复效果的关键。目前,国内外对 PVA-ECC 与既有混凝土黏结面力学性能的研究较少,因此,针对 PVA-ECC 与既有混凝土两种材料黏结面的抗剪性能开展相关研究是很必要的。

根据国内外针对新老混凝土黏结面抗剪性能的研究成果可知:增大黏结面的粗糙度可有效增大界面的机械咬合力,从而提高界面的黏结强度。本章拟通过对不同界面粗糙度的黏结试件进行试验研究,以获取不同界面粗糙度对 PVA-ECC 与既有混凝土黏结抗剪强度的影响规律及抗剪性能参数,为后期试验与实际工程提供参考。

7.2　试验概况

7.2.1　材料性能

试件所用材料为:P.O 42.5 普通硅酸盐水泥,最大粒径为 5mm 的普通河砂,粒径为 5～

20mm 的碎石及自来水。混凝土 28d 单轴立方体抗压强度为 35.1MPa,配合比如表 7.2-1 所示。

表 7.2-1 混凝土配合比

水泥(kg/m³)	砂(kg/m³)	石子(kg/m³)	水(kg/m³)	水灰比	砂率
407	640	1138	215	0.53	0.36

PVA-ECC 的材料配合比采用第 2 章介绍的配合比(PVA 体积掺量为 1.5%),通过单轴轴心抗拉试验,获取了 PVA-ECC 材料的轴心抗拉力学特性,具体见表 7.2-2。

表 7.2-2 PVA-ECC 轴拉性能参数

编号	弹性极限抗拉强度(MPa)	弹性极限抗拉应变	极限抗拉强度(MPa)	极限抗拉应变	抗拉弹性模量(GPa)
C3-1	4.194	0.00026	6.170	0.04215	16.450
C3-2	4.160	0.00021	6.343	0.04047	20.000
C3-3	4.035	0.00022	5.832	0.03887	18.180
平均值	4.130	0.00023	6.115	0.04050	18.210
标准差	0.068	0.00002	0.212	0.00134	1.449
变异系数	0.017	0.00086	0.035	0.00033	0.080

7.2.2 试件制作

通过查阅有关新旧混凝土黏结性能的抗剪性能试验文献可知,为使新旧材料黏结面上的应力分布较为均匀,且考虑到加载对中的便利性等因素,目前常采用 Z 形黏结试件开展相关试验。因此,为了开展 PVA-ECC 与旧混凝土黏结面的抗剪性能研究,采用 Z 形黏结试件进行黏结面的抗剪性能试验,试件的具体形式与尺寸见图 7.2-1。

Z 形黏结试件的具体制作过程如下:

1)准备旧混凝土块

将前期制作好的混凝土试块切割成 150mm × 100mm × 75mm 的块体,以便开展多种界面处理方式的黏结面抗剪性能试验,替换试块的形式如图 7.2-2 所示,黏结面区域为 100mm × 100mm 的正方形。

2)对旧混凝土表面进行处理

根据工程中常用的混凝土界面处理方式,旧混凝土表面的处理方式或者说界面处理类型分为四类,界面处理后的外观见图 7.2-3。

①I 型面:用钢毛刷将旧混凝土表面的浮灰刷掉,并用清水冲洗干净。此类型表面较为光滑。

②Ⅱ型面：用凿子对旧混凝土表面进行手工轻凿，将表面较为松动的砂浆除去，再用钢刷刷去浮灰，然后用清水冲洗干净。此类型表面有轻微的凹凸不平。

③Ⅲ型面：用凿子将旧混凝土表面松动的粗集料和砂浆凿去，用钢刷刷去浮灰，再用气囊吹净表面，然后用清水冲洗干净。此类型表面呈明显凹凸不平状。

④Ⅳ型面：采用沟槽法对旧混凝土表面进行处理，用小型石材切割机在旧混凝土表面按一定深度进行间隔切槽，切槽尺寸为宽20mm、深10mm。采用该方法主要是考虑到手工凿毛处理界面容易使混凝土表面产生裂缝和局部损坏，而沟槽法则易于控制施工质量，使黏结面的粗糙度均匀性好；另外，制作试件时PVA-ECC可较多地进入沟槽内，从而对黏结面抗剪性能发挥较大作用。

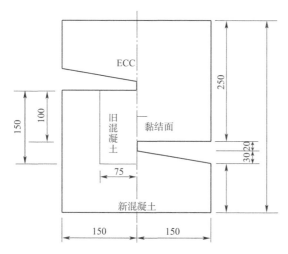 

图7.2-1 Z形黏结试件尺寸示意图（尺寸单位：mm） 　　图7.2-2 混凝土块体照片

3) 采用平均灌砂法对旧混凝土表面进行粗糙度评定

平均灌砂法是试验研究中广泛采用的一种较为简单的评定方法，其原理示意图如图7.2-4所示。评定的具体过程是：先将处理好的混凝土表面朝上放好，用四片塑料板将其四面围起来，使塑料板的平面与处理面凸出的最高点平齐；然后在表面上灌入标准砂，将其和塑料板顶面抹平；最后将处理面上的标准砂全部倒入量筒，测得其体积，以平均灌砂深度表示处理面的粗糙度。其中，处理面的平均灌砂深度采用式(7.2-1)计算，通过该公式可计算得到四种类型处理面的粗糙度。由于每种处理面的试件有一定数量，因此，粗糙度结果采用统计理论，以平均值计。根据本次试验试件的制备数量，四种处理面的粗糙度统计结果见表7.2-3。

$$\text{平均灌砂深度 } h(\text{mm}) = \frac{\text{标准砂体积}(\text{mm}^3)}{\text{试件横截面面积}(\text{mm}^2)} \quad (7.2\text{-}1)$$

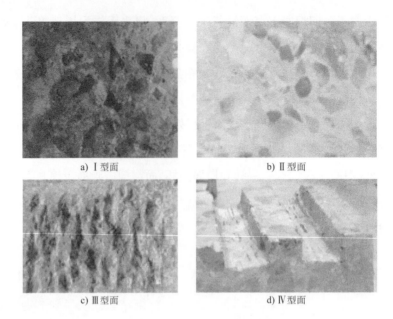

a) Ⅰ型面　　　　　　　　　b) Ⅱ型面

c) Ⅲ型面　　　　　　　　　d) Ⅳ型面

图 7.2-3　处理后的旧混凝土表面

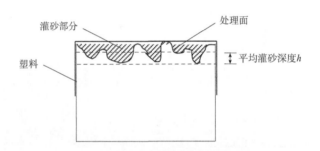

图 7.2-4　平均灌砂法示意图

表 7.2-3　四种处理面的粗糙度统计结果

界面类型	样本数	平均灌砂深度(mm)
Ⅰ	11	0.00
Ⅱ	18	1.43
Ⅲ	18	2.61
Ⅳ	6	4.00

4) 浇筑 Z 形黏结试件

将旧混凝土块体放入水中浸泡约 12h,取出后放于干燥通风处,使其表面呈湿润状态而无明水。将模具刷油后置于振动台上,将旧混凝土块放于相应位置。将 PVA-ECC 和用于填充的新混凝土分别搅拌好后浇入模具,将试件振动 20～30s 后成型。振动时,用器械夹持住旧混凝土块,使黏结面在试件成型时位于中轴线的位置。

5) 试件养护

由于 PVA-ECC 与旧混凝土的黏结为侧向黏结，黏结面初期强度相对偏低，故试件成型 36~48h 后拆模，置于室内，浇水后覆盖塑料布养护（室温 20℃±2℃，相对湿度为 95% 以上）至 28d 龄期后进行试验。

7.2.3 试验过程

本试验除要得到黏结面抗剪强度外，还要获得黏结面的剪应力-滑移曲线，故试验前先将夹具（图 7.2-5）用 502 胶粘于黏结面高度中间两侧对应位置，然后将数显百分表固定好，用于测量两部分的相对位移。

图 7.2-5 夹具照片

试验采用 300kN 电液伺服万能试验机进行加载。首先在试验机的支座上放一块 100mm×100mm×10mm 的钢垫板，将 Z 形黏结试件放稳、对中，在试件上表面也放置相同的钢垫板，保持垫板中线与黏结面重合；然后开动试验机，当加压头与试件即将接触时，调整试件使黏结面与加载的中心线保持一致，不平整的地方用细砂垫平；最后以 0.5kN/min 的速度连续均匀地加载，直至试件破坏，分别采集荷载与位移数据。试验加载装置如图 7.2-6 所示。

图 7.2-6 Z 形黏结试件加载装置

7.3 试验结果与分析

7.3.1 试验现象及破坏特征

试验过程中，裂缝均在黏结面的顶端首先出现，然后沿黏结面向下扩展，直至最终破坏，破坏面均发生在黏结面处，如图 7.3-1 所示，这表明 PVA-ECC 与旧混凝土黏结面是一个薄弱环节。根据试验结果，四种界面处理方式的破坏形态分别为：

图 7.3-1 黏结试件破坏形态

①Ⅰ型面试件破坏表面较为平滑,旧混凝土表面仅有少量 PVA-ECC 中的水泥浆体,黏结作用主要来源于 PVA-ECC 与混凝土之间的胶结力和二者之间的摩擦力,黏结力较小。

②Ⅱ型面试件破坏时,旧混凝土凸出的集料上包裹有较厚的 PVA-ECC 中的水泥砂浆,说明在这些位置处有硬化的水泥砂浆被剪断,但未见有集料被剪断;此时的黏结作用除了胶结力与摩擦力,还有机械咬合力,故黏结力稍大。

③Ⅲ型面试件破坏时,黏结面处除有硬化的水泥砂浆被剪断外,还可见旧混凝土表面有个别集料被剪断,有些位置还黏附有硬化的 PVA-ECC,可看到明显的纤维撕裂现象;此时的黏结作用应该还包含有少部分集料和 PVA-ECC 的抗剪作用,故黏结力较大。

④Ⅳ型面试件由于切有沟槽,槽内完全被 PVA-ECC 填满,破坏时槽内 PVA-ECC 沿黏结面被剪断,破坏面较平整;此时的黏结作用基本由 PVA-ECC 的抗剪作用来提供,故黏结力明显增大。

各类型试件破坏面情况如图 7.3-2 所示。

a) Ⅰ型试件破坏面

b) Ⅱ型试件破坏面

c) Ⅲ型试件破坏面

d) Ⅳ型试件破坏面

图 7.3-2 各类型试件破坏面

7.3.2 黏结面抗剪强度试验结果及分析

黏结面抗剪强度 τ 可按剪切面的平均剪应力进行计算,计算公式见式(7.3-1)。

$$\tau = \frac{V}{A} \tag{7.3-1}$$

式中:V——剪切破坏荷载(N);

A——黏结面的面积(mm^2)。

考虑到黏结试件黏结面早期强度偏低,拆模可能会影响其强度的后期发展,从而使试验结果离散性较大,故本试验对 Ⅰ~Ⅲ 型面各制作 6 组共 18 个试件;试件制作过程中,Ⅰ型面试件拆模时破坏多个,仅剩 11 个试件。Ⅳ型面试件由于有开槽,PVA-ECC 嵌入其中,使黏结面性能较为稳定,故制作 2 组共 6 个试件。制作混凝土整体试件 2 组共 6 个。

对各类型黏结试件和混凝土整体试件的抗剪强度试验结果进行了统计分析,得到的相关参数见表 7.3-1。

表 7.3-1　各类型试件抗剪强度统计结果

试件类型	样本数	平均灌砂深度 (mm)	平均抗剪强度 (MPa)	标准差 (MPa)	变异系数
Ⅰ型面	11	—	0.865	0.244	0.282
Ⅱ型面	18	1.43	1.245	0.689	0.554
Ⅲ型面	18	2.61	2.076	0.976	0.470
Ⅳ型面	6	4.00	4.209	0.697	0.166
整体	6	—	4.565	0.612	0.134

注:平均灌砂深度为各类型试件所有样本的平均值。

根据表 7.3-1,对各类型试件的抗剪强度平均值进行对比,具体如图 7.3-3 所示。由于 Ⅰ~Ⅲ 型面试件界面粗糙度的处理方式均为人工凿毛处理,方式相同,先对此三种类型试件进行讨论。从图 7.3-3 可以看出,随着界面粗糙度的增大,Ⅰ~Ⅲ 型面试件黏结抗剪强度随之提高;Ⅲ 型面试件的黏结抗剪强度最大,这是由于 Ⅲ 型面的处理方法使旧混凝土表面的一部分粗集料突出于周围的浆体,增大了机械咬合力,增加了黏结接触面积,同时还有少许集料和 PVA-ECC 参与抗剪,从而提高了黏结力;Ⅱ型面试件的黏结抗剪强度比Ⅰ型面试件提高了 43.9%,而Ⅲ型面试件比Ⅱ型面试件提高了 66.7%,比Ⅰ型面试件提高了 140%。由此可见,界面粗糙度对 PVA-ECC 与旧混凝土黏结抗剪强度的影响非常显著,因此,PVA-ECC 与旧混凝土黏结之前,对黏结面必须进行粗糙处理,且粗糙度应达到一定水平。

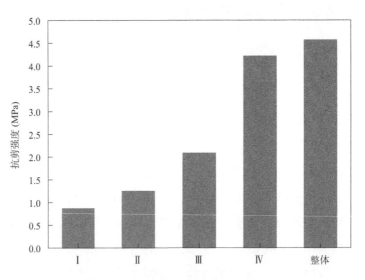

图 7.3-3　各类型试件抗剪强度对比

并且,从图 7.3-3 还可以看出,Ⅳ型面试件的抗剪强度有明显提高,Ⅳ型面试件的抗剪强度比Ⅲ型面试件提高了 102.7%;如前所述,Ⅳ型面试件黏结面上有沟槽,PVA-ECC 嵌入槽内,此时作用在黏结面上的剪力主要由 PVA-ECC 承担,这与Ⅰ~Ⅲ型面试件的黏结界面受力略有不同,可认为属于材料受力,因此,其抗剪强度有显著提高。

另外,通过图 7.3-3 和表 7.3-1 还可以看出各类型黏结试件与混凝土整体试件抗剪强度之间的关系。从总体上看,黏结试件的抗剪强度均低于整体试件,再次表明 PVA-ECC 与旧混凝土黏结面是一个薄弱环节;从具体数值上看,Ⅰ~Ⅳ型面黏结试件的抗剪强度占整体试件强度的比例分别为 18.95%、27.27%、45.48% 和 92.2%。由此可以看出,在对旧混凝土结构进行修复加固时,对于受剪力较大的位置,可以考虑对黏结面进行切槽处理。

根据试验数据,界面粗糙度与黏结抗剪强度之间的关系如图 7.3-4 所示。从图中可以看出,黏结面抗剪强度随着界面粗糙度的增大而提高。通过回归分析,得到了 PVA-ECC 与旧混凝土黏结试件抗剪强度同界面粗糙度之间的回归曲线,其近似呈线性关系,其表达式为:

$$\tau = 1.10092h - 0.50994 \tag{7.3-2}$$

式中:τ——黏结抗剪强度(MPa);

　　　h——平均灌砂深度(mm)。

线性拟合相关系数 $R = 0.79377$。查相关系数显著性检验表知 $\alpha = 0.01$ 的临界值为 0.403,可见回归方程是显著的。

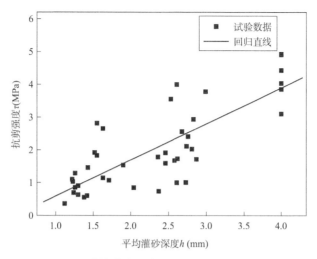

图 7.3-4　黏结试件抗剪强度与界面粗糙度的关系

7.3.3　黏结面剪应力-滑移曲线

试验过程中得到了不同粗糙度下黏结面剪应力-滑移曲线,具体如图 7.3-5 所示。从图中可以看出,Ⅰ型面试件滑移量最小,尤其在到达峰值应力后,界面应力迅速下降,发生破坏,没有明显的水平滑移段;Ⅱ型面和Ⅲ型面试件滑移量较大,在达到峰值应力时,界面应力缓慢下降,变形出现较长的水平滑移段;Ⅳ型面试件由于槽内 PVA-ECC 参与受剪,黏结面抗剪能力显著提高的同时滑移量也大幅增大。由此可知,随着粗糙度的增大,峰值滑移量也随之增大,在破坏剪应力下的水平延伸段也越长,说明界面的粗糙度提高了黏结面的延性。

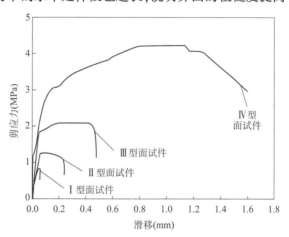

图 7.3-5　不同粗糙度下黏结面的剪应力-滑移曲线

从图中还可以看出,黏结面经过粗糙处理的 Z 形黏结试件,其黏结面的剪应力-滑移曲线的发展过程一般有以下四个阶段:

①弹性变形阶段。此时是变形的初始阶段,曲线为一上升的斜直线段,表示黏结面处于

弹性变形状态,应力增长较快,但总变形量很小;此时黏结面承受一定的剪切应力,克服了静摩擦力后才开始剪切变形。

②非线性阶段。此阶段是弹性变形阶段向塑性滑移阶段的过渡区,变形速度加快,曲线斜率减小,偏离直线段。

③塑性滑移阶段。此时黏结面上凹凸不平的集料相继被磨损或剪断,致使滑移量迅速增大,变形显著;至峰值应力时,黏结面滑移在应力基本不变的情况下持续增大。

④破坏阶段。此时黏结面上能够受力的部分基本全部破坏,应力近乎呈直线下降,试件被剪断而突然破坏。由图 7.3-5 可知,Ⅳ型面试件的下降段相对平缓,可见其达到峰值应力后,PVA-ECC 仍具有一定的受剪能力。

7.4 小 结

本章对不同界面粗糙度的 PVA-ECC 与旧混凝土 Z 形黏结试件进行抗剪性能试验,通过对试验结果分析,得到以下结论:

①采用的 PVA-ECC 与旧混凝土 Z 形黏结试件选型是合理的,可使黏结面均匀受力,避免了较大的弯曲应力和应力集中,试验结果较为可靠。

②通过对不同粗糙度的 Z 形黏结试件进行剪切试验,发现破坏均发生于黏结面处。可见对于黏结试件来说,黏结面是一个薄弱环节;黏结面经过粗糙处理后,抗剪强度显著提高,其中Ⅱ型面试件(平均灌砂深度为 1.43mm)的黏结抗剪强度比Ⅰ型面(平均灌砂深度为 0,即黏结面未经处理)试件提高了 43.9%,而Ⅲ型面试件(平均灌砂深度为 2.61mm)的黏结抗剪强度比Ⅱ型面试件提高了 66.7%,比Ⅰ型面试件提高了 140%。由此可见,界面粗糙度对 PVA-ECC 与旧混凝土黏结抗剪强度的影响非常显著。因此,PVA-ECC 与旧混凝土黏结之前,对黏结面必须进行粗糙处理,且粗糙度应达到一定水平。

③采用沟槽法对黏结面进行处理后,大量 PVA-ECC 嵌入槽内参与受剪,抗剪能力大幅提高;Ⅰ～Ⅳ型面黏结试件的抗剪强度占整体试件强度的比例分别为 18.95%、27.27%、45.48% 和 92.20%。因此,在对旧混凝土结构进行修复加固时,对于受剪力较大的位置,可以考虑对黏结面进行切槽处理。

④通过回归分析,得到了抗剪强度与界面粗糙度之间近似呈线性关系,式(7.3-2)可作为理论分析与实际工程的参考。

⑤通过试验得到了不同粗糙度下黏结面的剪应力-滑移曲线。由该曲线可以看出,随着粗糙度的增大,峰值滑移量也随之增大,在破坏剪应力下的水平延伸段也越长,这表明界面粗糙度提高了黏结面的延性。

第 8 章 以 PVA-ECC 为保护层的钢筋混凝土梁耐久性及力学性能试验研究

8.1 引 言

氯离子侵蚀引起的钢筋锈蚀和结构抗力退化是涉海工程(如跨海桥梁、沿海港口码头等)结构长寿命设计中面临的重要问题。增强结构抗氯离子侵蚀的能力,并由此提高结构在长寿命服役周期内的使用安全性,是涉海工程设计的重要目标。在此背景下,PVA-ECC 由于具有多细微裂缝开裂特性、高抗拉强度、高耐久性等特殊优点,受到了工程技术人员和科研工作者的关注。PVA-ECC 的主要特征为:具有显著的应变硬化特性,在拉伸荷载下将产生多条微细裂缝,且裂缝宽度得到有效控制,极限拉应变可达 3% 以上。PVA-ECC 将传统的混凝土材料在拉伸荷载下单一裂纹的宏观开裂模式转变为多重微细裂缝的微观开裂模式,可望为混凝土结构耐久性问题提出新的解决途径。Li 提出以 PVA-ECC 提高结构耐久性的设想,并通过试件的室内抗拉试验和氯离子侵蚀试验验证了 PVA-ECC 在氯盐环境下优越的耐久性能。其后,Maalej、徐世烺、Zhang 等学者提出将 PVA-ECC 设计为钢筋混凝土结构的保护层,以提高结构的抗弯强度和韧性,并通过梁式试件模型试验和理论分析手段证实了 PVA-ECC 可有效提高梁的初裂强度、极限强度和耐久性。徐世烺进一步对以 PVA-ECC 作为保护层的混凝土梁进行了室内氯离子加速腐蚀试验和抗弯试验,以确定 PVA-ECC 作为保护层时对结构耐久性和抗弯能力的有益影响。

考虑到以 PVA-ECC 作为钢筋混凝土结构保护层以增强其耐久性的设计方法仅处于初步的研究阶段,目前国内外开展的相关研究较少,其中涉及的试件尺寸、配筋情况、所用材料、施工工艺等关键变量试验数据有限。为进一步为 PVA-ECC 在氯盐环境中的工程应用提供依据,本研究设计了 8 根梁试件,开展了氯离子侵蚀和抗弯试验,以期为推动 PVA-ECC 材料在重要涉海工程中的应用提供更多的参考依据。

8.2 试 件 设 计

本次试验共设计并制作了 8 根梁试件,其中 7 根分别经过不同氯离子侵蚀时长的快速通电锈蚀试验,然后进行静力抗弯试验,以验证 PVA-ECC 作为保护层时对梁试件耐久性和抗弯能力的影响。各试件分别命名为 Beam-1、Beam-3、Beam-5、Beam-8、Beam-9、Beam-10、Beam-11 和 Beam-12,其中包括 3 个普通钢筋混凝土梁以及 5 个以 PVA-ECC 作为保护层的钢筋混凝土梁试件。3 个普通钢筋混凝土梁试件分别命名为 Beam-1、Beam-3 和 Beam-5,5 个以 PVA-ECC 作为保护层的钢筋混凝土梁试件分别命名为 Beam-8、Beam-9、Beam-10、Beam-11 和 Beam-12。其中,Beam-8、Beam-11 和 Beam-12 的 PVA-ECC 层厚度为 25mm,Beam-9 和 Beam-10 的 PVA-ECC 层厚度为 50mm。

各试验梁截面均为 150mm × 250mm,长 2100mm,各梁底均配置 2 根 ϕ12mm 纵筋,梁顶配置 2 根 ϕ6mm 纵筋,箍筋采用 ϕ6mm 钢筋,弯剪区箍筋间距为 100mm,纯弯段箍筋间距为 200mm,自纵筋中心至梁上、下混凝土外表面距离均为 25mm。试件结构如图 8.2-1、图 8.2-2 所示。

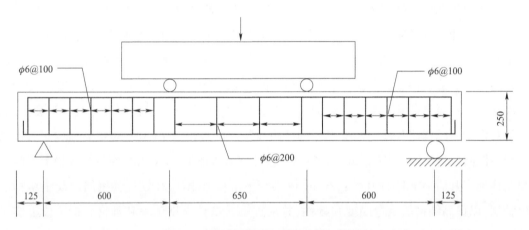

图 8.2-1 试验梁尺寸(尺寸单位:mm)

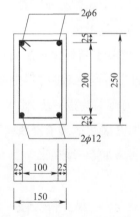

a) Beam-1、Beam-3、Beam-5(钢筋混凝土梁)

图 8.2-2

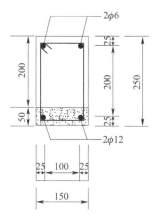
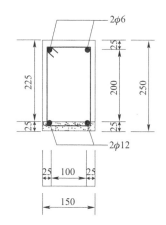

b) Beam-9、Beam-10(PVA-ECC层厚50mm)　　c) Beam-8、Beam-11、Beam-12(PVA-ECC层厚25mm)

图 8.2-2　试件截面(尺寸单位:mm)

以 PVA-ECC 作为保护层的钢筋混凝土梁试件,其制备过程为两次浇筑,先制作下部混凝土部分(浇筑时试件倒置,PVA-ECC 保护层位于梁的上部),然后浇筑上部 PVA-ECC。

根据试件是否有 PVA-ECC 层、PVA-ECC 层厚度、通电锈蚀时间等不同,8 个试件可分为 3 组,分别如表 8.2-1 ~ 表 8.2-3 所示。Beam-1、Beam-3 和 Beam-5 均为普通钢筋混凝土梁,各试件所用材料及配筋完全相同,仅通电锈蚀时间有差别,该组试件用于讨论普通钢筋混凝土梁快速锈蚀时间对试件破坏形态和抗弯能力的影响。

表 8.2-1　普通钢筋混凝土梁试件分组

试件	PVA-ECC 厚度(mm)	锈蚀时间(d)	备注
Beam-1	0	0	普通钢筋混凝土梁
Beam-3	0	10	普通钢筋混凝土梁
Beam-5	0	15	普通钢筋混凝土梁

表 8.2-2　通电锈蚀 10d 试件分组

试件	PVA-ECC 厚度(mm)	锈蚀时间(d)	备注
Beam-3	0	10	普通钢筋混凝土梁
Beam-10	50	10	—
Beam-8	25	0	—
Beam-12	25	10	—

表 8.2-3　通电锈蚀 15d 试件分组

试件	PVA-ECC 厚度(mm)	锈蚀时间(d)	备注
Beam-5	0	15	普通钢筋混凝土梁
Beam-9	50	15	—
Beam-11	25	15	—

表 8.2-2 和表 8.2-3 中的试件用于讨论以 PVA-ECC 作为保护层时对试件耐久性和抗弯能力的影响。

表 8.2-2 中所有试件均通电锈蚀 10d，然后进行抗弯试验，该组试件为 Beam-3、Beam-10 和 Beam-12，除 Beam-3 为普通钢筋混凝土梁外，Beam-10 和 Beam-12 均设置 PVA-ECC 保护层，其中 Beam-10 的 PVA-ECC 保护层厚度为 50mm，底部纵筋完全包裹于 PVA-ECC 中，Beam-12 的 PVA-ECC 保护层厚度为 25mm，底部纵筋未完全包裹于 PVA-ECC 中。

表 8.2-3 中所有试件均通电锈蚀 15d，其中 Beam-5 为普通钢筋混凝土梁试件，Beam-9 和 Beam-11 均为设置 PVA-ECC 保护层的梁试件，Beam-9 的 PVA-ECC 保护层厚度为 50mm，Beam-11 的 PVA-ECC 保护层厚度为 25mm。

试件制备时采用的 ϕ12mm 钢筋的实测屈服强度和抗拉强度分别为 499MPa 和 582MPa，伸长率为 21.3%。ϕ6mm 钢筋屈服强度和抗拉强度分别为 395MPa 和 544MPa，伸长率为 25.7%。各试件实测 150mm×150mm×150mm 混凝土立方体抗压强度为 31MPa，ECC 立方体抗压强度为 51MPa。

8.3　试件耐久性试验

8.3.1　试验方案

本部分主要进行了以下内容的研究：①各试件养护完毕后、加速锈蚀前观察各试件初始开裂情况；②对 Beam-3、Beam-5、Beam-9、Beam-10、Beam-11 和 Beam-12 先进行室内快速电化学锈蚀试验；③观察各试件加速锈蚀后的开裂情况。

8.3.2　通电锈蚀前裂缝测试

试件浇筑、养护完成后，由于 PVA-ECC 与普通混凝土干缩速率不同，发现以 PVA-ECC 为保护层的梁的 PVA-ECC 保护层与混凝土交界面处出现裂缝。观察发现，PVA-ECC 保护层厚度为 25mm 的混凝土梁（Beam-8、Beam-11、Beam-12）交界面处出现较多裂缝，裂缝沿梁长度方向几乎贯通，最大裂缝宽度可达 0.5mm；PVA-ECC 保护层厚度为 50mm 时（Beam-9、

Beam-10),交界面处裂缝不明显,裂缝长度不足 100mm,最大裂缝宽度为 0.24mm。图 8.3-1、图 8.3-2、图 8.3-3 分别为 Beam-8、Beam-11 和 Beam-12 锈蚀前交界面处裂缝情况;图 8.3-4、图 8.3-5 分别为 Beam-9、Beam-10 锈蚀前交界面裂缝情况。

图 8.3-1 Beam-8 交界面裂缝

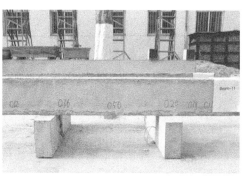

图 8.3-2 Beam-11 交界面裂缝

图 8.3-3 Beam-12 交界面裂缝

图 8.3-4 Beam-9 交界面裂缝

图 8.3-5 Beam-10 交界面裂缝

交界面处裂缝的出现会降低混凝土梁的耐久性,主要原因是 PVA-ECC 和混凝土的干缩速率不同,PVA-ECC 层和普通混凝土尽管是同时浇筑的,但普通混凝土的干缩量小,PVA-ECC 的干缩量大。PVA-ECC 层厚为 25mm 的钢筋混凝土梁中 PVA-ECC 收缩更为明显,交界面初始裂缝沿梁长度方向接近贯通,最大裂缝宽 0.5mm;保护层厚 50mm 的试件中,交界面处裂缝不明显。

8.3.3 加速锈蚀试验

将锈蚀试件浸入 5% NaCl 溶液中,浸泡深度为 30mm。试件浸泡 5d(图 8.3-6),充分浸润后,通入 1A 稳压直流电源,进行加速锈蚀。通电加速锈蚀时,将每根梁中的两根纵向受力钢筋串联。浇筑混凝土前,通过钢筋将两根纵筋的一端连接,将另一端的一根纵筋通过连接钢筋伸出试件外,以便于通电。加速锈蚀时,通过连接钢筋将纵筋与电源的正极相连,电源的负极与水槽中的不锈钢网片相连(图 8.3-7)。梁与不锈钢网片同时置于水槽中,水槽中添加质量分数为 5% 的 NaCl 溶液。试件在水槽中浸泡 5d 后,通过对钢筋施加外部电流加速钢筋锈蚀。

图 8.3-6 水槽浸泡混凝土梁

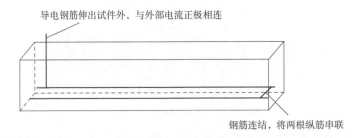

图 8.3-7 试件通电示意图

加速锈蚀后,将试验梁取出,用清水洗净表面锈蚀、污垢,观察裂缝开裂位置,并使用裂缝测试仪测量裂缝宽度。

将试验梁分为两组,分别进行10d和15d的通电加速锈蚀。需注意,为了在纵筋通电时防止电流强度损失和其他钢筋的锈蚀,所有与通电纵筋相连的钢筋应裹以绝缘胶布、涂环氧树脂,并且通电纵筋和箍筋接触位置不绑扎细铁丝,以免导致箍筋通电,如图8.3-8所示。

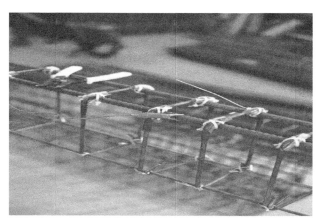

图8.3-8　纵筋与箍筋接触处绝缘处理

8.3.4　锈蚀试验结果

Beam-3、Beam-10和Beam-12通电加速锈蚀10d后取出,清洗通电锈蚀的梁,观察各试件的混凝土开裂情况。

普通钢筋混凝土梁Beam-3通电后,梁侧面无明显裂缝,底部由于纵筋锈蚀出现了明显的顺筋裂缝,裂缝沿梁长度方向几乎贯通,梁底最大裂缝宽0.50mm,如图8.3-9所示。

图8.3-9　Beam-3锈蚀后开裂情况

PVA-ECC保护层为50mm的钢筋混凝土梁Beam-10,PVA-ECC与混凝土交界面处出现明显顺筋裂缝,裂缝沿梁长度方向几乎贯通,最大裂缝宽0.8mm,如图8.3-10所示。

图 8.3-10　Beam-10 锈蚀后开裂情况

相对于锈蚀前,保护层厚度为 25mm 的 Beam-12 交界面处裂缝更为明显,裂缝最大宽度为 1.52mm,如图 8.3-11 所示。

图 8.3-11　Beam-12 锈蚀后开裂情况

Beam-5、Beam-9 和 Beam-11 在通电锈蚀 15d 后取出。普通钢筋混凝土梁 Beam-5 通电锈蚀后梁侧面无明显裂缝,底部由于纵筋锈蚀出现明显顺筋裂缝,裂缝沿梁长度方向几乎贯通,梁底最大裂缝宽 0.50mm,如图 8.3-12 所示。

图 8.3-12　Beam-5 锈蚀后开裂情况

Beam-9 锈蚀后,PVA-ECC 与混凝土交界面处出现明显的顺筋裂缝,裂缝沿梁长度方向几乎贯通,最大裂缝宽1.22mm,如图8.3-13所示。

图8.3-13　Beam-9锈蚀后开裂情况

Beam-11锈蚀后,PVA-ECC与混凝土交界面处裂缝继续恶化,裂缝沿梁长度方向几乎贯通,最大裂缝宽1.8mm,如图8.3-14所示。

图8.3-14　Beam-11锈蚀后开裂情况

根据试验现象可知,经过10d和15d不等的通电加速锈蚀,试件都发生了明显的耐久性损伤。锈蚀前,PVA-ECC保护层厚度为25mm的试件,交界面裂缝沿梁长度方向几乎贯通,最大裂缝宽0.5mm;PVA-ECC保护层厚度为50mm的试件,交界面裂缝很小,最大长度不足100mm,最大裂缝宽0.24mm。锈蚀后,所有PVA-ECC与钢筋混凝土组合梁均沿交界面严重开裂,且随锈蚀时间延长,裂缝宽度增加;PVA-ECC保护层厚度为50mm的试件,交界面处裂缝宽度小于PVA-ECC保护层厚度为25mm的试件锈蚀后的裂缝宽度,普通钢筋混凝土梁底产生顺筋裂缝,但裂缝宽度远小于PVA-ECC与钢筋混凝土组合梁。可以认为用PVA-ECC作保护层的试件交界面处的初始开裂严重影响了试件的耐久性。

8.4　试件抗弯试验及对比

8.4.1　试件加载方案

对所有梁试件均进行静力抗弯加载试验。静载试验采用两集中力对称加载,所有试件按简支梁放置,两端仅提供竖向支撑。跨中集中荷载通过分配梁按两点均匀分配并施加于梁顶,纯弯段长750mm,支座为铰接,在梁中心位置安放一个量程为200mm的位移计,在距离中心左、右450mm处各安放一个量程50mm的位移计,在支座处安放量程为50mm的位移计,试验加载方式和位移器布置方式如图8.4-1所示。

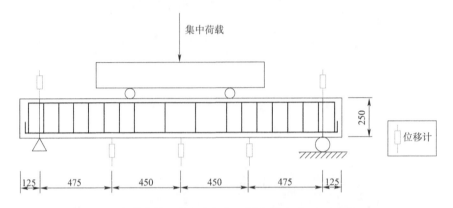

图8.4-1　静载试验加载方式与位移器布置方式(尺寸单位:mm)

试验加载均按位移控制,每级荷载增量为2mm,以作动器施加指定位移,并记录作动器反力以及跨中梁体、跨中两侧和左右支座处的位移。需要指出的是,后文中的跨中位移及跨中左右两侧位移均是已消除支座下沉影响后的位移值。

8.4.2　试件破坏情况

所有试件的破坏过程基本相似,可概括为:首先,梁底出现受弯开裂,随着荷载的不断增大,弯曲裂缝和剪切裂缝不断增多,裂缝高度增加,宽度加大;继而,当荷载增大到一定程度时,梁底及梁侧面混凝土脱落,钢筋外露;继续增大荷载,梁顶混凝土压碎,试件承载力下降,试验结束。

图8.4-2为Beam-8和Beam-10的开裂情况,可发现明显的竖向弯曲裂缝、剪切斜裂缝和交界面处裂缝。需要注意的是,梁底PVA-ECC裂缝条数明显多于上部混凝土开裂条数,但PVA-ECC裂缝宽度比上部混凝土小。

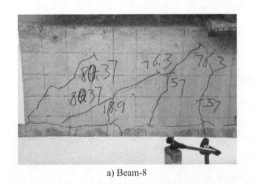

a) Beam-8

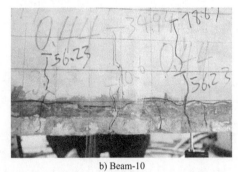

b) Beam-10

图8.4-2　试件弯曲裂缝及剪切斜裂缝情况

图8.4-3为Beam-8(PVA-ECC保护层厚度为25mm,未经耐久性锈蚀)的混凝土与PVA-

ECC 保护层的弯曲裂缝及交界面处的开裂情况。该试件加载前即存在交界面裂缝；加载过程中,随荷载增大,交界面裂缝也存在一定程度的增长。

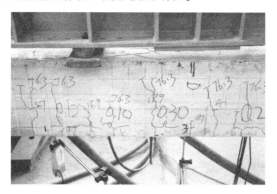

图 8.4-3　Beam-8 混凝土及 PVA-ECC 的保护层弯曲裂缝、交界面裂缝

图 8.4-4 展示了加载中期 Beam-12 的裂缝情况,图 8.4-5 展示了 Beam-9 加载中期 PVA-ECC 弯曲开裂、混凝土弯曲及剪切裂缝、交界面裂缝情况。图 8.4-6 为试验接近结束时 Beam-10 侧面混凝土脱落、钢筋外露情况。图 8.4-7 为试验接近结束时 Beam-9 受弯主裂缝及梁顶混凝土的轻微脱落情况。图 8.4-8 为试验接近结束时 Beam-11 的变形情况。

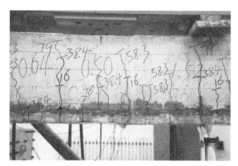 

图 8.4-4　Beam-12 的 PVA-ECC 保护层与　　图 8.4-5　Beam-9 的 PVA-ECC 保护层弯曲开裂、
　　　　混凝土的受弯裂缝　　　　　　　　　　　　混凝土弯曲及剪切裂缝、交界面裂缝

图 8.4-6　Beam-10 侧面混凝土脱落,　　　　图 8.4-7　Beam-9 受弯主裂缝及梁顶
　　　　钢筋外露　　　　　　　　　　　　　　　　混凝土轻微脱落

图 8.4-8　Beam-11 受弯变形情况

8.4.3　试件裂缝开展情况

根据试验结果,统计了各试件在不同荷载等级下的裂缝宽度,裂缝宽度随跨中集中荷载变化的曲线见图 8.4-9。通过观察各试件裂缝变化情况,可发现以下规律:①各试件裂缝宽度均随荷载增大而增大,无论是混凝土还是 ECC 裂缝宽度,都表现出一致的规律;②PVA-ECC 裂缝宽度较混凝土裂缝宽度明显减小,显示了 PVA-ECC 具有良好的阻裂效果。

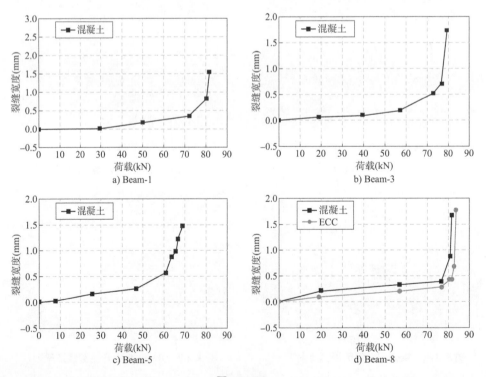

图　8.4-9

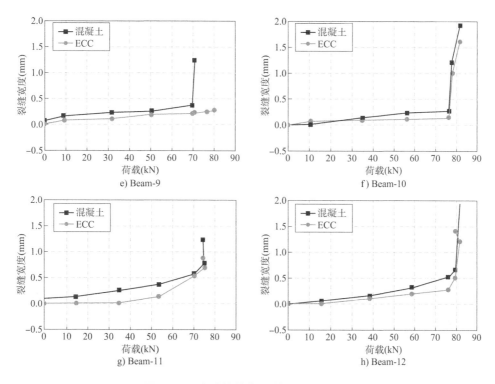

图 8.4-9　各试件荷载-裂缝宽度变化曲线

同时,根据试验结果得到了所有配置 PVA-ECC 保护层的梁试件的 PVA-ECC 与混凝土交界面处裂缝宽度随荷载变化曲线,具体见图 8.4-10。从图中可以发现以下规律:①随荷载的增大,交界面裂缝缓慢增多;②未遭受锈蚀的 Beam-8 裂缝宽度最小,锈蚀 15d 且 PVA-ECC 保护层厚度为 25mm 的 Beam-11 交界面裂缝宽度最大;③PVA-ECC 保护层厚度为 50mm 的试件裂缝宽度小于 PVA-ECC 保护层厚度为 25mm 的试件;而且,同为通电锈蚀 10d 的试件,Beam-10 交界面裂缝宽度明显小于 Beam-12;同为通电锈蚀 15d 的试件,Beam-9 裂缝宽度明显小于 Beam-11;③随锈蚀时间增加,交界面裂缝宽度增大;同为 PVA-ECC 保护层厚度为 25mm 的试件,锈蚀 15d 的 Beam-11 交界面裂缝宽度明显大于锈蚀 10d 的 Beam-12;同为 PVA-ECC 保护层厚度为 50mm 的试件,锈蚀 15d 的 Beam-9 裂缝宽度明显大于锈蚀 10d 的 Beam-10。

根据试验结果,得到了普通钢筋混凝土梁试件 Beam-1、Beam-3 和 Beam-5 最大裂缝宽度随荷载的变化曲线,见图 8.4-11。由图 8.4-11 可以发现以下规律:①各试件裂缝宽度均随荷载增大而增大;②未遭受耐久性侵蚀的 Beam-1 裂缝宽度最小,通电锈蚀时间最长的 Beam-5 裂缝宽度最大,表明氯离子侵蚀会加重钢筋混凝土试件的开裂破坏。

为了了解采用 PVA-ECC 保护层相对于普通混凝土在开裂控制方面的效果,对试验数据进行了整理,得到了设置 PVA-ECC 的试件和普通钢筋混凝土梁试件混凝土裂缝对比曲线,具体见图 8.4-12。图 8.4-12a)中,Beam-1 与 Beam-8 均为通电锈蚀,两者差别仅在于 Beam-1

为普通钢筋混凝土梁,Beam-8 含 25mm 厚的 PVA-ECC 保护层。Beam-8 混凝土裂缝宽度略大于 Beam-1。图 8.4-12b)中,各试件均通电锈蚀 10d,PVA-ECC 厚度为 50mm 的 Beam-10 混凝土裂缝宽度最小,普通钢筋混凝土梁试件 Beam-3 混凝土裂缝宽度略大。图 8.4-12c)中,各试件均通电锈蚀 15d,普通钢筋混凝土梁试件 Beam-5 混凝土裂缝宽度最大,PVA-ECC 保护层厚度为 50mm 的 Beam-9 裂缝宽度小于 Beam-5 试件。因此,根据上述试验结果可知,PVA-ECC 保护层对上部混凝土裂缝存在一定抑制作用,PVA-ECC 保护层越厚,混凝土裂缝宽度有减小趋势,但效果不显著。

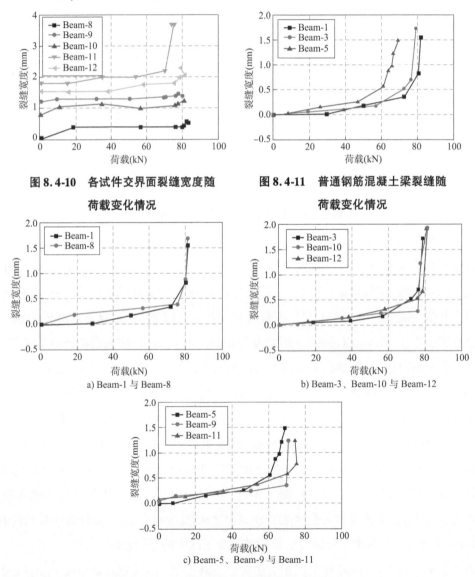

图 8.4-10 各试件交界面裂缝宽度随荷载变化情况

图 8.4-11 普通钢筋混凝土梁裂缝随荷载变化情况

a) Beam-1 与 Beam-8

b) Beam-3、Beam-10 与 Beam-12

c) Beam-5、Beam-9 与 Beam-11

图 8.4-12 各试件混凝土裂缝宽度随荷载变化情况

为了了解设置不同厚度的 PVA-ECC 保护层对控制裂缝开展的效果,根据试验数据得到了各试件 PVA-ECC 保护层裂缝宽度随荷载的变化曲线,如图 8.4-13 所示。由图 8.4-13 可知,不同 PVA-ECC 保护层厚度条件下,PVA-ECC 保护层裂缝宽度处于相当水平。

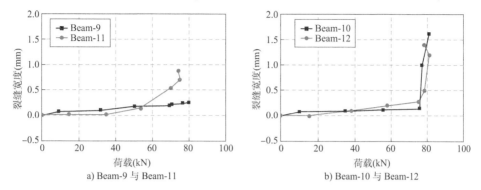

图 8.4-13　各试件 PVA-ECC 保护层裂缝宽度随荷载变化情况

8.4.4　试件承载力对比

根据梁试件的静力抗弯试验结果,得到了各试件跨中集中荷载-跨中位移曲线,具体见图 8.4-14。由图可知,试验加载初期,各试件基本处于弹性状态;随着纵筋屈服,各试件刚度明显降低;随后随着钢筋的强化,试件承载力呈缓慢增加趋势;至试件严重破坏后,各试件承载力略有下降,试验停止。

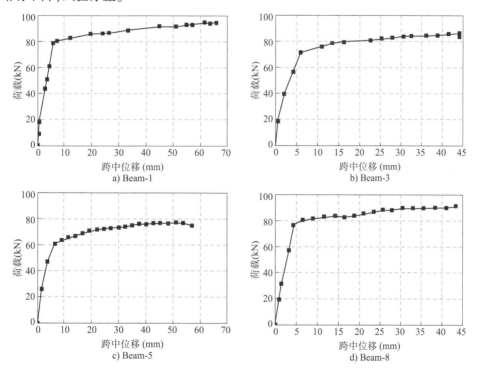

图　8.4-14

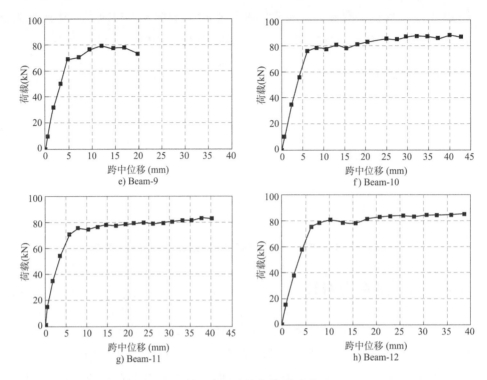

图 8.4-14 各试件荷载-位移曲线

根据试验结果得到了普通钢筋混凝土试件跨中位移变化曲线,具体见图 8.4-15,其中 Beam-1 为未遭受耐久性侵蚀的试件,Beam-3 为锈蚀 10d 的试件,Beam-5 为锈蚀 15d 的试件。由图可知,随着锈蚀时间的增加,试件承载力逐渐降低,但锈蚀对试件初始刚度影响不大。

同时,根据试验数据得到了通电锈蚀 15d 试件的跨中位移曲线变化,具体见图 8.4-16。由图可以看出,PVA-ECC 试件的强度明显大于普通钢筋混凝土梁,PVA-ECC 试件变形能力弱于普通混凝土梁,且 PVA-ECC 保护层厚度为 25mm 和 50mm 时的强度变化不大,PVA-ECC 保护层厚 50mm 试件的变形能力小于 PVA-ECC 保护层厚 25mm 试件。

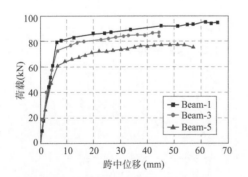

图 8.4-15 普通钢筋混凝土梁荷载-跨中位移曲线图

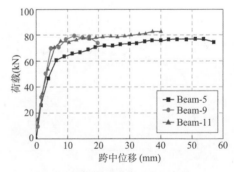

图 8.4-16 锈蚀 15d 试件荷载-跨中位移曲线图

根据试验结果,得到了通电锈蚀10d试件梁跨中位移曲线变化,具体见图8.4-17。由该图可以看出,各试件强度、初始刚度、变形能力变化不大,由于通电时间过短,锈蚀效果不明显,PVA-ECC效果未体现。

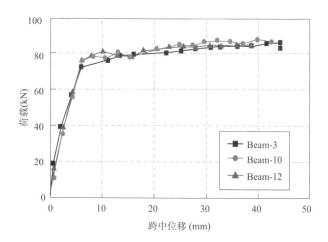

图8.4-17　锈蚀10d试件荷载-跨中位移曲线图

但需要强调,从承载力来看,锈蚀15d的试件在设置PVA-ECC情况下承载力明显提高,显示了PVA-ECC对梁耐久性的有益作用。本试验中,并未对PVA-ECC试件的初始交界面裂缝进行处理。当采取合适措施对交界面裂缝进行处理后,可以推定PVA-ECC对试件耐久性的提升效果将更显著。

8.5 小　　结

为验证以PVA-ECC作为钢筋混凝土结构保护层的可行性及对结构耐久性的影响,设计并制作了8个普通钢筋混凝土梁和设置PVA-ECC层的混凝土梁试件,通过室内电化学加速锈蚀及其后的抗弯试验,详细对比了各试件的破坏形态、承载力等指标,主要结论及认识如下:

①通电锈蚀过程中,PVA-ECC与混凝土间交界面裂缝进一步开展;锈蚀结束后,PVA-ECC保护层厚度为25mm的试件的最大裂缝宽度为1.8mm,PVA-ECC保护层厚度为50mm的试件的最大裂缝宽度为1.22mm。

②抗弯试验过程中,PVA-ECC呈多裂缝开裂形态,裂缝数量多,裂缝宽度明显小于上部混凝土,且PVA-ECC对上部混凝土的开裂起到一定的抑制作用。

③通电锈蚀10d时,设置PVA-ECC保护层的梁承载力及变形能力与普通钢筋混凝土梁基本一致;通电锈蚀15d时,设置PVA-ECC保护层的梁承载力明显高于普通钢筋混凝土梁,

显示了 PVA-ECC 保护层提高混凝土结构抗氯离子侵蚀的有效性。

④PVA-ECC 保护层与混凝土交界面的初始裂缝是结构耐久性的薄弱环节。采用适当手段消除初始裂缝后,外部设置 PVA-ECC 层对试件耐久性的提升作用会更明显。

⑤建议采用良好养护手段消除 PVA-ECC 与混凝土在硬化过程中产生的初始交界面裂缝。

第9章 基于PVA-ECC的港口码头结构加固修复应用

9.1 引言

本研究对PVA-ECC宏观力学特性的时变规律、材料的改性方法、材料的收缩性规律、材料的开裂特性与黏结特性、抗氯离子渗透能力、构件承载力、基于夹杂理论和平均场均匀化方法的细观数值预测方法等方面开展了系统研究,从材料层次到构件层次全面获取了PVA-ECC的力学性能及加固效果,为该材料的实际应用奠定了基础。

研究的最终目的是开展实际应用。因此,基于研究成果,将改性的PVA-ECC应用在了天津港南疆26号泊位码头墩台下方耐久性破损的加固修复工程中,取得了良好的效果。

9.2 在役高桩码头结构墩台耐久性破损加固修复

9.2.1 工程概况

本项目依托工程为天津港南疆26号泊位码头墩台耐久性破损加固修复工程。天津港南疆26号泊位码头位于天津港南疆东侧,东西向布置,全长400m。该高桩码头分为5个排架段和5个墩台段,间隔布置,为一个30万吨级散货码头泊位,可满足30万吨级铁矿石船舶停靠,并兼顾对40万吨级散货船舶进行接卸作业。该码头竣工于2013年12月,现归天津港远航国际矿石码头有限公司管理。码头外观见图9.2-1。

图9.2-1 天津港南疆26号泊位码头

天津港南疆26号泊位码头标准排架段长50m,宽度为34.8m,由7个排架组成,排架间距为8.0m,中间排架设橡胶护舷和系船柱各1个,其他普通排架均不设。每个普通排架布置7根桩,海侧轨道梁下的一对双直桩和陆侧轨道梁下的一对叉桩采用φ1200mm钢管桩,两轨间的三根单直桩采用φ1000mm钢管桩,中间排架系船柱下布置一根直桩,为φ1200mm钢管桩。上部结构为预制预应力横梁、轨道梁、连系梁、面板和钢筋混凝土靠船构件。标准墩台段长29.92m,宽37m,厚2m(不含面层)。基桩选用39根φ1200mm钢管桩。每个墩台设系船柱和橡胶护舷各3个,间距12m。引桥共有2座,每座引桥长111.3m,西引桥宽30m,东引桥宽15m。引桥面标高由7.5m过渡至6.0m,直接与堆场道路连接。近码头段采用高桩梁板结构,基桩为650mm×650mm预应力混凝土空心方桩,近半圆体处为φ800mm灌注桩。采用预应力混凝土T型梁跨半圆体。梁两端为高桩墩台结构,墩台下基桩采用φ1000mm和φ1200mm灌注桩。接岸采用钢筋混凝土挡土墙。由于接岸处位于真空预压加固区外,故挡土墙下采用φ600mm灌注桩基础,墙后抛填60~80kg块石,顶部通过简支空心板与引桥连接。码头结构断面图见图9.2-2。

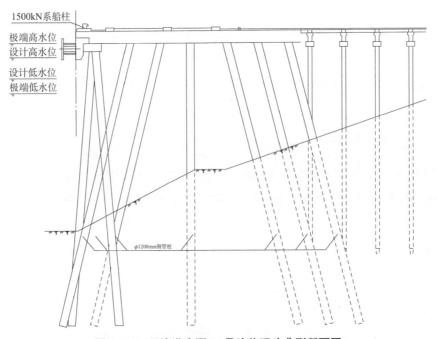

图 9.2-2 天津港南疆26号泊位码头典型断面图

9.2.2 码头墩台的耐久性破损

天津港南疆26号泊位码头在长期的海水侵蚀及使用荷载的共同作用下,墩台区各个墩台下的防腐层均存在大面积的开裂、剥离、剥落破损,破损面积超过总面积的30%,破损面积约1900m²。破损状况见图9.2-3。

第 9 章 基于 PVA-ECC 的港口码头结构加固修复应用

图 9.2-3 码头墩台下方耐久性破损

9.2.3 码头墩台修复

为了对码头墩台的耐久性破损进行修复,拟采用 PVA-ECC 进行维修加固。PVA-ECC 的配合比采用 1.5% 的 PVA 掺量,具体见表 9.2-1。

表 9.2-1 修复采用的 PVA-ECC 配合比

材料名称	水胶比	PVA 掺量(体积率)	质量配合比
PVA-ECC	0.25	1.5%	P.O 42.5 普通硅酸盐水泥:石英砂:一级粉煤灰:水:减水剂:PVA = 550:550:650:301:6.0:19.5

按照表 9.2-1 的配合比,以第 2.4 节介绍的制备方法,得到了用于结构加固修复所用的 PVA-ECC,制备好的 PVA-ECC 外观见图 9.2-4。

修复前,对码头墩台下方破损位置进行剔凿处理,剔除已经与母体剥离的防腐涂层及表面松散物质,露出坚实混凝土基面,并对混凝土基面做凿毛处理,然后洒水浸湿混凝土表面,最后通过人工的方式将 PVA-ECC 涂抹于混凝土表面至 50mm 厚,至此混凝土墩台下方耐久性破损修复完成,待 PVA-ECC 经过 28d 固化养护期后即可正常发挥其加固修复作用。

经现场使用可知,通过深度凿毛处理的方式,原混凝土基面可与新 ECC 充分有效黏结,可以协同工作,修复效果良好(图 9.2-5),提高了原混凝土墩台的抗腐蚀能力及混凝土结构的延性,对于服役于海洋环境的混凝土结构的耐久性破损加固修复较为适用。

图 9.2-4　现场制备的 PVA-ECC 外观

图 9.2-5　混凝土墩台修复后的外观

9.3 小　　结

基于研究成果,成功将改性的 PVA-ECC 材料应用在了天津港南疆 26 号码头墩台下方耐久性破损的加固修复工程中,取得了良好的效果。经现场工程应用可知,通过深度凿毛处理的方式,原混凝土基面可与新 PVA-ECC 材料充分有效黏结、协同工作,提高了原混凝土墩台的抗腐蚀能力及混凝土结构的延性,对于服役于海洋环境的混凝土结构的耐久性破损加固修复较为适用,为基于 PVA-ECC 材料的港口结构加固修复技术的应用提供了实际工程案例和实践经验。

第10章 结论与展望

10.1 结 论

提升钢筋混凝土结构的耐久性对延长沿海港口码头工程的使用寿命至关重要。但目前港口水工混凝土结构因氯离子侵蚀导致的钢筋锈蚀、混凝土开裂现象普遍存在,已成为沿海港口水工混凝土结构的顽疾。同时,港口水工混凝土结构存在延性差、抗撞击能力弱的问题。对于运营中出现的构件损伤,急需一种耐久性好、修复效果好、施工便捷的加固修复材料和方法。

本研究针对以上问题,以沿海港口码头钢筋混凝土结构破损修复为研究对象,采用材料试验、模型试验、理论分析与工程应用相结合的手段,开展基于高延性水泥基复合材料的港工混凝土结构加固技术研究,针对PVA-ECC的宏观力学特性的时变规律、改性方法、收缩性规律、开裂特性、黏结特性、抗氯离子渗透能力、构件承载力、延性及基于夹杂理论和平均场均匀化方法的细观数值预测方法等方面开展了系统研究,以此建立基于PVA-ECC的港口水工混凝土结构加固技术方法,提升沿海港口码头钢筋混凝土结构的加固修复效果,为基于PVA-ECC的港口水工混凝土结构加固修复奠定了理论基础。该技术已应用于天津港南疆26号码头面板的加固修复工程,效果良好。具体研究结论如下:

①开展了PVA-ECC宏观力学特性的时变规律及其改性方法研究。基于材料力学试验,对普通C40混凝土以及掺1.5%PVA的PVA-ECC、掺1.8%PVA的PVA-ECC、掺1.5%PVA+1.2%结晶材料的PVA-ECC、掺1.5%PVA+0.5%膨胀剂的PVA-ECC材料共5种不同的材料开展宏观力学特性试验,包括立方体抗压强度试验、轴心抗压强度试验、轴心抗拉强度试验、劈裂抗拉强度试验、抗折强度试验。由试验结果可知,PVA的添加可显著增大PVA-ECC的强度。随着龄期的增加,单轴立方体(150mm×150mm×150mm)抗压强度呈现逐渐上升的趋势;其中,掺1.8%PVA的PVA-ECC强度高于掺1.5%PVA的PVA-ECC,掺1.5%PVA的PVA-ECC强度高于掺1.5%PVA+1.2%结晶材料的PVA-ECC,掺1.5%PVA+1.2%膨胀剂的PVA-ECC强度高于掺1.5%PVA+0.5%膨胀剂的PVA-ECC,并且以上材料强度均高于C40混凝土强度。而由数据可知,掺1.8%PVA的PVA-ECC在180d龄期的立方体抗压强度达到76.1MPa,强度非常高,非常适合用于港口水工混凝土结构的加固修复。

②开展了PVA-ECC收缩性能的时变规律研究。通过对掺1.5%PVA的PVA-ECC、掺

1.8%PVA 的 PVA-ECC、掺 1.5%PVA+1.2%结晶材料的 PVA-ECC、掺 1.5%PVA+0.5%膨胀剂的 PVA-ECC 及 C40 混凝土的收缩性能试验可知,随着时间的增加,材料的收缩率变化趋于平缓,28d(龄期31d)至180d(龄期183d)收缩率曲线变化平缓;与 C40 混凝土相比,掺 1.5%PVA+1.2%结晶材料的 PVA-ECC 收缩率最小,掺 1.5%PVA+0.5%膨胀剂的 PVA-ECC 收缩率最大,相比而言,掺 1.5%PVA 的 PVA-ECC 和掺 1.5%PVA+1.2%结晶材料的 PVA-ECC 的收缩率与 C40 混凝土的收缩率最为接近。因此,在进行结构加固时,宜优先选用掺 1.5%PVA 的 PVA-ECC 和掺 1.5%PVA+1.2%结晶材料的 PVA-ECC。

③开展了 PVA-ECC 宏观力学特性的数值预测方法研究。通过理论分析,基于夹杂理论和平均场均匀化方法,采用 DIGIMAT 有限元软件建立了 PVA-ECC 的连续介质有限元模型及普通混凝土的离散介质有限模型,并对其立方体抗压强度和轴心抗压强度进行了计算。通过对比计算结果与试验结果可知,数值模拟结果与试验结果具有良好的一致性。由此表明,采用基于夹杂理论及平均场均匀化方法的数值计算方法,对普通混凝土及 PVA-ECC 的强度进行模拟是可行的。

④在结构构件层次方面,开展了 PVA-ECC 的开裂特性及承载特性的研究。通过 6 根普通砂浆试件和 10 根 PVA-ECC 试件的三点弯曲试验可知,PVA-ECC 试件的承载能力更强,其持载时的裂缝宽度在 0.02~0.08mm,明显小于普通砂浆试件裂缝宽度(0.10~0.50mm);卸载后,PVA-ECC 试件的裂缝宽度在 0.01~0.03mm,明显小于普通砂浆试件卸载后的裂缝宽度(0.05~0.12mm)。这表明 PVA-ECC 具有多细微裂缝开裂特性;而且根据试验现象可知,由于纤维桥联作用,PVA-ECC 具有明显的韧性和一定的裂缝恢复能力,这些特点有利于减少水、氯离子、CO_2 及有害物质的侵入,可提高混凝土结构的耐久性。通过该研究得到了 PVA-ECC 的多细微裂缝开裂特性及裂缝分布规律,获得了裂缝宽度、高度及裂缝分布规律。

⑤开展了 PVA-ECC 与已有混凝土黏结性能方面的研究。通过对不同界面粗糙度的 PVA-ECC 构件与旧混凝土 Z 形黏结试件进行抗剪性能试验,由试验结果可知,黏结面是加固修复的薄弱环节,采用 PVA-ECC 修复混凝土结构时,应对接触面进行粗糙处理。通过四种不同粗糙度的 Z 形试件抗剪性能试验结果可知,采用沟槽法对黏结面进行粗糙处理的效果最优,黏结面抗剪强度占整体试件强度的 92.2%;采用凿毛法对黏结面进行粗糙处理的效果次之,黏结面抗剪性能占整体试件抗剪强度的 45.48%。而且,界面粗糙度的增大提高了黏结面的延性。因此,在采用 PVA-ECC 进行混凝土结构加固修复时,混凝土的界面处理可采用沟槽法。根据试验结果拟合得到了界面抗剪强度与界面粗糙度之间的关系公式,该公式可为混凝土结构加固修复时的界面粗糙度设计提供理论依据。通过该研究明确了 PVA-ECC 与旧混凝土之间黏结面的抗剪性能。

⑥开展了 PVA-ECC 提升钢筋混凝土结构抗氯离子渗透能力、承载力和延性方面的研

究。通过普通钢筋混凝土梁和设置PVA-ECC层的混凝土梁试件(共计8个)的电化学加速腐蚀试验及其后的静力抗弯性能试验可知,PVA-ECC层呈多裂缝开裂形态,裂缝宽度明显小于上部混凝土,且PVA-ECC层对上部混凝土的开裂起到一定的抑制作用。并且,在加速锈蚀15d后,设置PVA-ECC层的梁的承载力明显强于普通钢筋混凝土梁,显示了PVA-ECC提高混凝土结构抗氯离子侵蚀的有效性。通过该研究明确了PVA-ECC作为钢筋混凝土结构加固层的可行性及对结构耐久性的影响,得到了将PVA-ECC用作钢筋混凝土结构保护层对结构承载力及破坏形态的影响规律。

⑦基于上述研究成果,PVA-ECC在天津港南疆26号泊位码头面板修复工程中得到了成功应用。服役于海洋环境的天津港南疆26号泊位码头面板因氯离子侵蚀而导致钢筋锈蚀、混凝土开裂、局部混凝土剥落。采用PVA-ECC对其进行了加固修复,效果良好。根据文献查新可知,这是全国首次采用PVA-ECC对码头结构进行加固修复,填补了行业空白。

10.2 展　　望

通过本研究,形成了一整套基于PVA-ECC的港口水工混凝土结构加固修复技术。本研究从材料角度,得到了适用于港口水工混凝土结构加固修复的PVA-ECC最优配比、制备工艺、宏观力学特性时变规律、收缩性能时变规律等,从结构构件角度验证了PVA-ECC对于提高混凝土结构抗氯离子侵蚀能力的有效性,阐明了PVA-ECC作为钢筋混凝土结构保护层的可行性及对结构耐久性的影响,得到了以PVA-ECC作为钢筋混凝土结构保护层对结构承载力及破坏形态的影响规律,明确了使用PVA-ECC加固港口水工混凝土结构的可行性及加固方法,提出了黏结面不同粗糙度处理方法及效果分析方法,为基于PVA-ECC加固港口水工混凝土结构奠定了理论基础。基于该项目,展望如下:

①通过本研究,形成了一整套基于PVA-ECC的港口水工混凝土结构加固修复技术,填补了国内空白。项目成果在进一步完善优化的基础上可以在行业内推广应用,为码头的安全生产保驾护航。

②在施工过程中,受码头结构的施工特点、施工现场的天气、施工条件等各方面的限制,目前工程应用的规模较小。若在规模较大的工程中应用,材料的快速制备是关键问题。因此,适合大规模生产的PVA-ECC制备设备研制是将来研究方向之一。

③本研究研制的PVA-ECC具有强度高、延性好、可提高混凝土的耐久性和承载力等优点,可考虑采用PVA-ECC混凝土构件代替预应力混凝土构件,以解决小型加固施工工程中预应力混凝土构件因量少而难以找到厂家制作的问题。

参 考 文 献

[1] LI V C, LEUNG C K Y. Steady state and multiple cracking of short random fiber composites [J]. Journal of Engineering Mechanics, ASCE, 1992, 188(11): 2246-2264.

[2] 刘红彪, 张强, 郭畅, 等. 超高韧性水泥基复合材料多缝开裂特性及其自生愈合[J]. 材料导报, 2017, 31(12): 145-149.

[3] 蔡新华, 徐世烺, 尹世平, 等. 超高韧性水泥基复合材料与锈蚀钢筋粘结性能试验研究[J]. 中国腐蚀与防护学报, 2012, 32(3): 228-234.

[4] 王楠, 徐世烺. 超高韧性水泥基复合材料与既有混凝土黏结性能[J]. 建筑材料学报, 2011, 14(3): 317-323.

[5] 吴瑞雪, 赵铁军, 马万. PVA-SHCC 力学性能研究综述[J]. 混凝土, 2013, (10): 14-17.

[6] 徐世烺, 蔡新华. 超高韧性水泥基复合材料碳化与渗透性能试验研究[J]. 复合材料学报, 2010, 27(3): 177-183.

[7] 徐世烺, 王楠, 尹世平. 超高韧性水泥基复合材料加固钢筋混凝土梁弯曲控裂试验研究[J]. 建筑结构学报, 2011, 32(9): 115-122.

[8] 张鹏, WITTMANN F H, 赵铁军. 高韧性 PVA-SHCC 多缝开裂后吸水特性研究[J]. 建筑材料学报, 2011, 14(3): 324-334.

[9] 张玉娥, 田砾, 赵铁军, 等. SHCC-钢筋混凝土叠合构件弯曲性能试验研究[J]. 混凝土, 2013(1): 24-27.

[10] HAN T S, FEENSTRA P H, BILLINGTON S L. Simulation of highly ductile fiber-reinforced cement-based composite components under cyclic loading [J]. ACI Structural Journal, 2003, 100(6): 749-757.

[11] LEPECH M, LI V C. Water permeability of engineered cementitious composites [J]. Cement and Concrete Composites, 2009, 31(10): 744-753.

[12] LI V C, HORII H, KABELE P, et al. Repair and retrofit with engineered cementitious composites [J]. Engineering Fracture Mechanics, 2000, 65(2): 317-334.

[13] SAHMARAN M, MO L, LI V C. Transport properties of engineered cementitious composites under chloride exposure [J]. ACI Materials Journal, 2007, 104(6): 604-611.

[14] SAHMARAN M, LI V C. Influence of microcracking on water absorption and sorptivity of ECC [J]. Materials and Structures, 2009, 42(5): 593-603.

[15] CANBOLAT B A, PARRA-MONTESINOS G J, WIGHT J K. Experimental study on seismic behavior of high-performance fiber-reinforced cement composite coupling beams [J]. ACI Structural Journal, 2005, 102(1): 159-166.

[16] FISCHER G, LI V C. Effect of matrix ductility on deformation behavior of steel-reinforced ECC flexural members under reversed cyclic loading conditions [J]. ACI Structural Journal, 2002, 99(6): 781-790.

[17] FISCHER G, LI V C. Deformation behavior of fiber-reinforced polymer reinforced engineered cementitious composite (ECC) flexural members under reversed cyclic loading conditions [J]. ACI Structural Journal, 2003, 100(1): 25-35.

[18] FISCHER G, LI V C. Effect of fiber reinforcement on the response of structural members [J]. Engineering Fracture Mechanics, 2007, 74(1): 258-272.

[19] LI H, XU S, LEUNG C K Y. Tensile and flexural properties of ultra high toughness cementitious composite [J]. Journal of Wuhan University of Technology: Materials Science Edition, 2009, 24(4): 677-683.

[20] MAALEJ M, LI V C. Flexural/tensile-strength ratio in engineered cementitious composites [J]. Journal of Materials in Civil Engineering, ASCE, 1994, 6(4): 513-528.

[21] MAALEJ M, LI V C. Flexural strength of fiber cementitious composites [J]. Journal of Materials in Civil Engineering, ASCE, 1994, 6(3): 390-406.

[22] PARRA-MONTESINOS G J. High-performance fiber-reinforced cement composites: an alternative for seismic design of structures [J]. ACI Structural Journal, 2005, 102(5): 668-675.

[23] 刘问, 徐世烺, 李庆华. 后浇UHTCC既有混凝土复合梁弯曲疲劳性能试验研究[J]. 东南大学学报(自然科学版), 2013, 43(2): 409-413.

[24] 徐世烺, 李贺东. 超高韧性水泥基复合材料研究进展及其工程应用[J]. 土木工程学报, 2008, 41(6): 45-60.

[25] 徐世烺, 王楠. 后浇UHTCC加固既有混凝土复合梁的弯曲控裂性能[J]. 中国公路学报, 2011, 24(3): 36-43.

[26] KIM Y Y, FISCHER G, LIM Y M, et al. Mechanical performance of sprayed engineered cementitious composites (ECC) using wet-mix shotcreting process for repair [J]. ACI Material Journal, 2004, 101(1): 42-49.

[27] 李庆华,高栋,徐世烺. 超高韧性水泥基复合材料(UHTCC)的水渗透性能试验研究[J]. 水利学报, 2012, 43(S1): 76-84.

[28] SUTHIWARAPIRAK P, MATSUMOTO T, KANDA T. Multiple cracking and fiber bridging characteristics of engineered cementitious composites under fatigue flexure [J]. Journal of Material in Civil Engineering, ASCE, 2004, 16(5): 433-443.

[29] 刘红彪,郭畅,孙治国,等. 以ECC作为保护层的RC梁耐久性试验研究[J]. 应用基础与工程科学学报, 2018, 26(5): 1067-1077.

[30] 李艳,梁兴文,刘泽军. 高性能生态型建筑材料PVA-ECC的试验研究[J]. 工业建筑, 2011, 41(4): 97-102.

[31] 郑银林. PVA纤维超高韧水泥基复合材料性能试验研究[D]. 北京: 中国水利水电科学研究院, 2012.

[32] 易勇,王秋生,罗昊. 硫酸钙对高韧性水泥基复合材料力学性能的影响[J]. 混凝土, 2019, (3): 71-73+77.

[33] 夏叶飞,郑业勇,张为民,等. 橡胶粉对PVA-ECC力学性能影响研究[J]. 实验力学, 2018, 33(6): 987-993.

[34] 韩冠生,车佳玲,李权威,等. 沙漠砂PVA-ECC材料力学性能试验研究[J]. 施工技术, 2018, 47(3): 27-31.

[35] LI V C. A simplified micromechanical model of compressive strength of fiber-reinforced cementitious composites [J]. Cement and Concrete Composites, 1992, 14(2): 131-141.

[36] LI V C, WU H C. Conditions for pseudo strain-hardening in fiber reinforced brittle matrix composites [J]. Applied Mechanics Reviews, 1992, 45(8): 390-398.

[37] LI V C, WANG S, WU H C. Tensile strain-hardening behavior of PVA-ECC [J]. Materials Journal, ACI, 2001, 98(6): 483-492.

[38] 徐世烺,李贺东. 超高韧性水泥基复合材料直接拉伸试验研究[J]. 土木工程学报, 2009, 42(9): 32-41.

[39] LI V C. Engineered cementitious composites-tailored composites through micromechanical modeling [C]// BANTHIA N. Fiber Reinforced Concrete: Present and the Future. CSCE, Montreal, 1998: 64-97.

[40] 徐世烺,蔡向荣. 超高韧性水泥基复合材料基本力学性能[J]. 水利学报, 2009, 40(9): 1055-1063.

[41] 周杨. PVA纤维增强不同水泥基材材料性能研究[D]. 青岛理工大学, 2018.

[42] KANDA T, WATANABE S, LI V C. Application of pseudo strain hardening cementitious

composites to shear resistant structural elements [C]//MIHASHI H, ROKUGO K. Proceedings of FRAMCOS-3, AEDIFICATIO, 1998: 1477-1490.

[43] XOXIA V. Investigating the shear characteristics of high performance fiber reinforced concrete [D]. Toronto: University of Toronto, 2003.

[44] ZHANG J, MAALEJ M, QUEK S T. Performance of hybrid-fiber ECC blast-shelter panels subjected to dropweight impact [J]. Journal of Materials in Civil Engineering, 2007, 19 (10): 855-863.

[45] WANG X G, WITTMANN F H, ZHAO T J. Comparative study of test methods to determine fracture energy of strain hardening cement-based composites (SHCC) [J]. International Journal for Restoration of Buildings and Monuments, 2006, 12(2): 169-178.

[46] 王巍, 徐世烺. 超高韧性水泥基复合材料热膨胀性能及导热性能的研究[D]. 大连: 大连理工大学, 2009.

[47] LIM Y M, WU H C, LI V C. Development of flexural composite properties and drying shrinkage behavior of high performance fiber reinforced cementitious composites at early ages [J]. ACI Materials Journal, 1999, 96(1): 20-26.

[48] WEIMANN M B, LI V C. Hygral behavior of engineered cementitious composite (ECC) [J]. International Journal for Restoration of Buildings and Monuments, 2003, 9(5): 513-534.

[49] LI V C. High performance fiber reinforced cementitious composites as durable material for concrete structure repair [J]. International Journal for Restoration of Buildings and Momuments, 2004, 10(2): 163-180.

[50] LI M, LI V C. Behavior of ECC/concrete layer repair system under drying shrinkage conditions [J]. International Journal for Restoration of Buildings and Monuments, 2006, 12 (2): 143-160.

[51] 刘志凤, 徐世烺. 超高韧性水泥基复合材料干燥收缩及约束收缩下抗裂性能研究 [D]. 大连: 大连理工大学, 2009.

[52] SHIMOMURA T, MAEKAWA K. Analysis of the drying shrinkage behavior of concrete using a micromechanical model based on the micropore structure of concrete[J]. Magazine of Concrete Research, 1997, 49(181): 303-322.

[53] 朱岳明, 刘有志, 曹为民, 等. 混凝土湿度和干缩变形及应力特性的细观模型分析 [J]. 水利学报, 2006(10): 1163-1168.

[54] XU Z, HAO H, LIH N. Mesoscale modelling of fibre reinforced concrete material under

compressive impact loading[J]. Construction and Building Materials, 2012, 26(1): 274-288.

[55] LIANG X, WU C. Meso-scale modelling of steel fibre reinforced concrete with high strength [J]. Construction and Building Materials, 2018, 165: 187-198.

[56] ESHELBY J D. The determination of the elastic field of an ellipsoidal inclusion, and related problems[J]. Proceedings of the Royal Society of London, 1957, 241(1226): 376-396.

[57] CHOU T W, NOMURA S, TAYA M. A self-consistent approach to the elastic stiffness of short-fiber composites[J]. Journal of Composite Materials, 1980, 14(3): 178-188.

[58] CHRISTENSEN R M. A critical evaluation for a class of micro-mechanics models[J]. Journal of the Mechanics & Physics of Solids, 1990, 38(3): 379-404.

[59] MORI T, TANAKA K. Average stress in matrix and average elastic energy of materials with mishitting inclusions[J]. Acta Metallurgical, 1973, 21(5): 571-574.

[60] WENG G J. Some elastic properties of reinforced solids, with special reference to isotropic ones containing spherical inclusions[J]. International Journal of Engineering Science, 1984, 22(7): 845-856.

[61] 沈观林, 胡更开, 刘彬. 复合材料力学[M]. 北京: 清华大学出版社, 2013.

[62] TANDON G, WENG G. The effect of aspect ratio of inclusions on the elastic properties of unidirectionally aligned composites[J]. Polymer Composites, 1984, 5(4): 327-333.

[63] ZHAO Y, TANDON G, WENG G Elastic moduli for a class of porous materials[J]. Acta Mechanical, 1989, 76(1): 105-131.

[64] PAN H, WENG U. Elastic moduli of heterogeneous solids with ellipsoidal inclusions and elliptic cracks[J]. Acta Mechanical, 1995, 110(1): 73-94.

[65] WENG G, TANDON G. A theory of particle-reinforced plasticity[J]. ASME Journal of Applied Mechanics, 1988, 55(3): 126-135.

[66] LI J, WENG G. Effective creep behavior and complex moduli of fiber-and ribbon-reinforced polymer-matrix composites[J]. Composites Science and Technology, 1994, 52(4): 615-629.

[67] LI J, WENG G. Anisotropic stress-strain relations and complex moduli of a viscoelastic composite with aligned spheroidal inclusions[J]. Composites Engineering, 1994, 4(11): 1073-1097.

[68] KUO T H, PAN H H, WENG G J. Micromechanics-based predictions on the overall stress-strain relations of cement-matrix composites[J]. Journal of Engineering Mechanics, 2008,

134(12): 1045-1052.

[69] WENG G J. A homogenization scheme for the plastic properties of nanocrystalline material [J]. Reviews On Advanced Materials Science, 2009, 19(1-2): 41-62.

[70] BENSOUSSAN A, LIONS J L, PAPANICOLAOU G. Asymptotic analysis for periodic structure[M]. Amsterdam: North-Holland Publishing Company, 1978.

[71] CIORANESCU D, PAULIN J S J. Homogenization in open sets with holes[J]. Journal of Mathematical Analysis & Applications, 1979, 71(2): 590-607.

[72] 高真, 曹鹏, 孙新建, 等. 基于DIGIMAT的混凝土等效弹性模量研究[J]. 水利水电技术, 2018, 49(5): 186-192.

[73] 李伟伟. 长纤维热塑性复合材料轻卡离合器壳体轻量化研究[D]. 太原: 中北大学, 2018.

[74] 柳彬, 游世辉, 赵树勋, 等. 基于Digimat中RVE模型的磁流变弹性体的磁致压缩力学性能的数值模拟[J]. 功能材料, 2018, 49(2): 2086-2092.

[75] 丁智平, 樊凯, 张亚新, 等. 复合材料板弹簧渐进失效分析与极限载荷预报[J]. 机械工程材料, 2017(7): 91-97.

[76] 杨乔馨, 刘玲, 王晓蕾. CNTs/TDE85环氧复合材料的热物理和力学性能[J]. 玻璃钢/复合材料, 2015(7): 33-38.

[77] 毛笑笑. 基于DIGIMAT的混凝土力学行为研究[J]. 四川建材, 2018(8): 10-11.